神姫バスの車両たち

text&photo ■ 編集部（2023年2月1日現在）

6683（三菱2PG-MP38FM）
一般路線車は65年から現在のデザイン。89年から正面に「のぞみくん」マークが掲げられた。
（写真１）

神姫バスの車両の概要

神姫バスグループの４社を合わせた2023年2月1日現在の車両数は、乗合894台（特高車205台含む）、貸切115台、特定31台で、計1,040台となっている。メーカー別に見ると、三菱ふそう549台、日野325台、いすゞ119台、トヨタ26台、日産ディーゼル12台、メルセデスベンツ６台、日産３台で、かつては三菱車と日野車だけが新製されたが、08年からいすゞ車が加わった。

●一般路線車

一般路線車は大型・中型とも00年まで前後引戸のツーステップバスを標準とし、西工ボディ架装車も多かった。94年に大型ワンステップバス、00年に大型ノンステップバス、03年に中型ノンステップバスが登場。以後はワンステップバスとノンステップバスが並行増備されている。06年に日野製ハイブリッドバス、14年にはいすゞ製ハイブ

神姫バスの車両たち

20207 （いすゞPDG-LR234J2）
22年に神戸交通振興から継承した観光周遊バス「シティーループ」はレトロ調のバスで運行。（2）

11184 （トヨタZBC-MUM1NAE）
21年に1台採用された燃料電池バス。窓下から裾部にかけて一般路線カラーに塗られている。（3）

10104 （日野KX525Z1）
神戸の日野製連節バスにはネイビーブルーがあしらわれ、「ポートループ」と名づけられた。（4）

10005 （ベンツCITARO-G）
三田のベンツ製連節バスはオレンジ色。18年式2台、20年式1台の増備車は顔立ちが異なる。（5）

リッドバスの導入を開始。21年にトヨタ製燃料電池バスが新製された。また13年にメルセデスベンツ製連節バスが三田で、21年には日野製連節バスが神戸で、それぞれ活躍を開始している。

　ウイング神姫（旧神姫グリーンバス・ウエスト神姫）・神姫ゾーンバスは神姫バスに準じた仕様の車両を自社で採用。神姫バスから両社への車両の移籍も見られる。02年に神姫バスが淡路交通からの中古購入を開始。ウイング・神姫ゾーンバスも独自に中古車を調達している。00年代には姫路市企業局・明石市交通部・神戸交通振興のバス事業を引き継ぎ、まとまった数の車両が転入。神戸交通振興が運行していた観光周遊バス「シティーループ」のレトロ調バスも移籍している。17年には神戸の定期観光バス用として、オープントップのネオプランを借り入れた。

6130（三菱QRG-MS96VP）
夜行高速バス「プリンセスロード」は独立３列シート。現在のカラーは93年から採用された。（6）

3534（いすゞ2TG-RU1ASDJ）
特高車と呼ばれる高速バスと特急～快速バス専用車は、白地に路線カラーを配したデザイン。（7）

8512（日野2TG-RU1ASDA）
鮮やかなレモン色の神姫観光の夜行バス専用車。「LIMON」のブランド名で運行されている。（8）

●特高車

　特高車とは、高速バスと特急・急行・快速バス専用車の社内呼称である。

　短距離高速バスと特急～快速バスにはトイレなし55～60人乗りのハイデッカーを使用。かつては三菱車のみだったが、15年に日野車、18年にいすゞ車が加わった。中距離高速バスには後部トイレつき40～49人乗り、長距離高速バスには中央トイレつき28人乗りのハイデッカーを使用。11・18年式の日野車を除き、三菱車に統一されている。

　神姫バスの夜行バス「プリンセスロード」には中央トイレつきで３列シート28人乗りの三菱エアロクィーンを使用。神姫観光の夜行バス「LIMON」には中央トイレつき28人乗り、中央トイレつき38人乗り、トイレなし40人乗りの３タイプあり、日野・いすゞ・三菱のハイデッカーが使用されている。

神姫バスの車両たち

6227（三菱QTG-MS96VP）
神姫観光のトップグレード車は
乗客定員19人の「ゆいプリマ」。
水戸岡鋭治氏がデザインした。
（9）

6421（三菱2TG-MS06GP）
神姫観光のデザインは1990年に
採用。「のぞみくん」マークと
ともに永井一正氏が手がけた。
（10）

●貸切車

　一般貸切車の多くは神姫観光が保有
し、汎用タイプ52〜60人乗りの三菱・
日野製ハイデッカーが主力である。特
別車「ユッタリーナ」として、36人乗
りのエアロエース、後部パウダールー
ムつきで32人乗りのエアロクィーンな
どが在籍。トップグレード車「ゆいプ
リマ」は後部パウダールームつきで3
列18人乗りのエアロクィーンである。

●社番解説

　神姫バスの社番は、万位が車種（大
型の1は表記を省略）、千位がメーカ
ー、百位が年式、十位・一位が仕様ご
との固有番号という4桁または5桁の
数字で、ウイング神姫・神姫観光もこ
れを踏襲しているが、ウイング神姫の
自社または自治体発注車などに例外も
見られる。また神姫ゾーンバスの社番
は、神戸ナンバーの登録番号である。

31173 （いすゞKK-LR233E1）　　（11）

29097 （いすゞKK-LR233J1）　　（12）

20201 （いすゞKK-LR233J1）　　（13）

20203 （いすゞPA-LR234J1）　　（14）

29483 （いすゞPA-LR234J1）　　（15）

29581 （いすゞPA-LR234J1）　　（16）

20770 （いすゞSKG-LR290J2）　　（17）

23260 （いすゞ2KG-LR290J4）　　（18）

1892（いすゞKL-LV280L1）　　　（19）

1893（いすゞKL-LV280L1）　　　（20）

1994（いすゞKL-LV280L1）　　　（21）

2080（いすゞKL-LV280L1）　　　（22）

2181（いすゞKL-LV280N1）　　　（23）

2260（いすゞPJ-LV234N1）　　　（24）

2588（いすゞPDG-LV234L2）　　　（25）

2481（いすゞPKG-LV234N2）　　　（26）

2680（いすゞPKG-LV234N2） (27)

3081（いすゞQQG-LV234N3） (28)

3282（いすゞQDG-LV290N1） (29)

3382（いすゞQPG-LV290Q1） (30)

3493（いすゞ2PG-LV290Q2） (31)

3690（いすゞ2DG-LV290N3） (32)

3680（いすゞ2PG-LV290Q3） (33)

3993（いすゞ2SG-HL2ANBD） (34)

3311（いすゞQTG-RU1ASCJ） (35)

22900（いすゞ2KG-RU2AHDJ） (36)

3411（いすゞ2TG-RU1ASDJ） (37)

70277（日産CBA-KS4E26） (38)

31673（日産PA-AVW41） (39)

23171（日デKK-RM252GAN） (40)

4750（日デKL-UA272KAM） (41)

5087（日デKL-UA452KAN） (42)

5090（日デKL-UA452KAN）　　　（43）

5093（日デKL-UA452KAN）　　　（44）

5360（日デPKG-RA274MAN）　　（45）

30067（トヨタKH-KZH120G）　　（46）

5050（トヨタLDF-KDH223B）　　（47）

32385（トヨタQDF-KDH201K）　　（48）

40364（トヨタCBA-TRH219W）　　（49）

32774（トヨタCBF-TRH228B）　　（50）

33281（トヨタ3BA-TRH229W） (51)

33102（日野2KG-XZB70M） (52)

30881（日野KC-RX4JFAA） (53)

31676（日野ADG-HX6JLAE） (54)

31784（日野BDG-RX6JFBA） (55)

32170（日野BDG-HX6JLAE） (56)

32476（日野SKG-HX9JHBE） (57)

8801（日野SKG-HX9JLBE） (58)

32671（日野SDG-HX9JLBE）　　　（59）

32985（日野2DG-HX9JHCE）　　　（60）

32873（日野2DG-HX9JLCE）　　　（61）

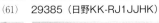

29385（日野KK-RJ1JJHK）　　　（62）

29171（日野KK-RR1JJGA）　　　（63）

29170（日野KK-HR1JKEE）　　　（64）

29381（日野KK-HR1JKEE）　　　（65）

29572（日野PB-HR7JHAE）　　　（66）

7077（日野PK-HR7JPAE） (67)

29874（日野PDG-KR234J2） (68)

20205（日野PDG-KR234J2） (69)

20070（日野PDG-KR234J2） (70)

20570（日野SKG-KR290J1） (71)

20670（日野SKG-KR290J1） (72)

20771（日野SKG-KR290J2） (73)

20870（日野2KG-KR290J3） (74)

21080（日野2KG-KR290J4） （75）

6550（日野KL-HU2PLEA） （76）

6770（日野KL-HU2PLEA） （77）

7071（日野KL-KV280L1） （78）

7177（日野PJ-KV234L1） （79）

7174（日野PJ-KV234N1） （80）

7271（日野PJ-KV234N1） （81）

7170（日野ACG-HU8JMFP） （82）

7372（日野PKG-KV234N2）　　　(83)

7478（日野PKG-KV234N2）　　　(84)

7582（日野BJG-HU8JMFP）　　　(85)

7781（日野LKG-KV234N3）　　　(86)

7771（日野LJG-HU8JMGP）　　　(87)

8071（日野QPG-KV234N3）　　　(88)

8072（日野QPG-KV234N3）　　　(89)

3903（日野QPG-KV234Q3）　　　(90)

7870（日野LNG-HU8JMGP）　　　（91）

8262（日野QKG-KV290N1）　　　（92）

8282（日野QPG-KV290Q1）　　　（93）

8170（日野QSG-HL2ANAP）　　　（94）

8270（日野QSG-HL2ASAP）　　　（95）

8477（日野2PG-KV290Q2）　　　（96）

8472（日野2SG-HL2ASBP）　　　（97）

20001（日野BDG-RU8JHAA）　　　（98）

7630（日野LKG-RU1ESBA） (99)

20301（日野SDG-RU8JHBA） (100)

7902（日野QRG-RU1ASCA） (101)

7812（日野QPG-RU1ESBA） (102)

8035（日野QTG-RU1ASCA） (103)

8111（日野QTG-RU1ASCA） (104)

0901（日野2DG-RU2AHDA） (105)

8401（日野2TG-RU1ASDA） (106)

31383（三菱KK-BE63EE） (107)

31150（三菱KK-BE66DG） (108)

31970（三菱PDG-BE64DG） (109)

518（三菱TPG-BE640G） (110)

31376（三菱KK-ME17DF） (111)

31670（三菱PA-ME17DF） (112)

31470（三菱KK-MJ23HE） (113)

31001（三菱KK-MJ26HF） (114)

23151（三菱KK-MJ26HF） (115)

5367（三菱KK-MJ26HF） (116)

31371（三菱KK-MJ27HF） (117)

23473（三菱KK-MJ27HL） (118)

23482（三菱KK-MJ27HL） (119)

1427（三菱KK-MK23HH） (120)

3460（三菱KK-MK25HJ） (121)

545（三菱PA-MJ26RF） (122)

1965（三菱PA-MK25FJ） （123）

23574（三菱PA-MK27FH） （124）

23670（三菱PA-MK27FH） （125）

23872（三菱PDG-AR820GAN） （126）

23880（三菱PDG-AR820GAN） （127）

24670（三菱TKG-MK27FH） （128）

4558（三菱KC-MP317M） （129）

4690（三菱KC-MP717M） （130）

2187（三菱KL-MP35JP） （131）

4773（三菱KL-MP37JM） （132）

5280（三菱PJ-MP37JM） （133）

5480（三菱PKG-AA274MAN） （134）

5570（三菱PKG-AA274MAN） （135）

2631（三菱PKG-MP35UM） （136）

5676（三菱PKG-MP35UM） （137）

5889（三菱LKG-MP35FM） （138）

5682 （三菱LKG-MP37FM） (139)

6077 （三菱QKG-MP35FM） (140)

6293 （三菱QKG-MP35FM） (141)

4166 （三菱QDG-MP35FP） (142)

5038 （三菱QKG-MP35FP） (143)

6072 （三菱QKG-MP37FM） (144)

6173 （三菱QKG-MP38FM） (145)

6692 （三菱2PG-MP35FM） (146)

20341（三菱KK-MM86FH） 　　　　(147)

4786（三菱KL-MS86MP） 　　　　(148)

5131（三菱KL-MS86MP） 　　　　(149)

23701（三菱PA-MM86FH） 　　　　(150)

5200（三菱PJ-MS86JP） 　　　　(151)

5240（三菱PJ-MS86JP） 　　　　(152)

5338（三菱PJ-MS86JP） 　　　　(153)

24100（三菱PDG-MM96FH） 　　　　(154)

5430（三菱BKG-MS96JP） (155)

5600（三菱BKG-MS96JP） (156)

5630（三菱BKG-MS96JP） (157)

5802（三菱LKG-MS96VP） (158)

5832（三菱LKG-MS96VP） (159)

24600（三菱TDG-MM97FH） (160)

6030（三菱QRG-MS96VP） (161)

6100（三菱QRG-MS96VP） (162)

6222 （三菱QTG-MS96VP） (163)

6229 （三菱QTG-MS96VP） (164)

6320 （三菱QTG-MS96VP） (165)

6322 （三菱QTG-MS96VP） (166)

6426 （三菱2TG-MS06GP） (167)

6433 （三菱2TG-MS06GP） (168)

6537 （三菱2TG-MS06GP） (169)

6621 （三菱2TG-MS06GP） (170)

10002（ベンツCITARO-G）　　　　（171）

10002（ベンツ・ネオプランN117/2）　（172）

営業所別・車種別車両数

営業所 ＼ 車種	いすゞ				日産	日デ	トヨタ	日野				三菱ふそう				ベンツ	合計
	乗合	特高	貸切	特定	乗合	乗合	乗合	乗合	特高	貸切	特定	乗合	特高	貸切	特定	乗合	
姫路営業所	9		1			1		40	4			9	7				71
姫路東出張所	3					1	1	25				2					32
北条出張所	3							18				12					33
山崎出張所	3							9				12					24
加古川営業所	1							10				23					34
加古川南出張所								21									21
明石営業所	12		1			1		18				42	16				90
大久保出張所	1							8				11	9				29
西神営業所	7							12				36					55
神戸営業所	7					2		8	8			6	28			1	60
三木営業所	2	3	1			1	2	9	9			19	9				55
三田営業所	7	5	2					7	7			55	37			5	125
社営業所	4					2	1	7	2			5	19				40
津山営業所													15				15
神姫バス合計	59	8	5			8	4	192	30			232	140			6	684
粟賀営業所	9		1	1			5	5			4	5		5	3		38
篠山営業所	2					2		14				12		2	1		33
西脇営業所	2						3	2				10		2	2		21
山崎営業所	7						11	10				5	10	4			47
相生営業所	5			2	3	1	2	12		1		10		5	1		42
赤穂営業所	1		1			1		8				1			2		14
ウイング神姫合計	26		2	3	3	4	21	51		1	4	43	10	18	9		195
西神営業所	7											5					12
窪屋営業所	3			1				5			1	18		4	9		41
神姫ゾーンバス合計	10			1				5			1	23		4	9		53
姫路営業所	2									6				23			31
龍野営業所										3				8			11
小野営業所										3				4	1		8
西神営業所										7				15			22
神戸営業所							1		1	4			2	2	1		11
大阪営業所		3							8	8	1		3	2			25
神姫観光合計	2	3					1		9	31	1		5	54	2		108
グループ総計	97	11	7	4	3	12	26	248	39	32	6	298	155	76	20	6	1040

ISUZU

KK-LR233E1(いすゞ)

W	31173	神200か	3907	(01)	脇○

KK-LR233J1(いすゞ)

W	29097	姫200か	839	(00)	相△
	29450	神200か	1498	(04)	神○
	20201	神200か	1295	(04)	神○

PA-LR234J1(JBUS)

	20202	神200か	1561	(04)	神○
	20203	神200か	1562	(04)	神○
Z	9480	神230あ	9480	(04)	窟○
W	29481	姫200か	1262	(04)	相○
W	29483	姫200か	1138	(04)	粟○
W	29580	姫200か	1299	(05)	赤□
	29581	姫200か	977	(05)	北○
	29582	姫200か	978	(05)	北○
	29583	姫200か	1050	(05)	北○
W	29584	姫200か	1051	(05)	粟○

PDG-LR234J2(JBUS)

	20207	神200か	2957	(09)	神○
	20208	神200か	2958	(09)	神○

SKG-LR290J2(JBUS)

	20770	姫200か	1279	17	姫○

2KG-LR290J4(JBUS)

	22971	神230い	5151	19	社○
W	23170	神200か	5609	21	篠○
W	23260	神200か	5708	22	篠○

KL-LV280L1(いすゞ)

W	1892	姫200か	1361	(02)	山○
W	1893	姫200か	1369	(02)	粟○
W	1994	姫200か	1456	(03)	山○
W	2080	姫200か	1451	(04)	粟○
W	2081	姫200か	1433	(04)	山○
W	2082	姫200か	1492	(04)	山○

KL-LV280N1(いすゞ)

W	1680	姫200か	729	(00)	山○
W	1681	姫200か	730	(00)	相○
W	1682	姫200か	732	(00)	山○
W	1683	姫200か	731	(00)	赤○
W	1685	姫200か	773	(00)	粟○
W	1780	姫200か	1095	(01)	粟○
W	1781	姫200か	1105	(01)	相△
W	1783	神200か	5643	(01)	脇○
W	1786	姫200か	1419	(01)	山○
W	1787	姫200か	1253	(01)	粟△
	1880	姫200か	572	(02)	姫○
	1882	姫200か	854	(02)	山○
W	1884	姫200か	1282	(02)	粟○
	1885	姫200か	553	(02)	山○
	1886	神200か	5508	(02)	三□
	1887	神200か	2728	(02)	社○
	1888	神200か	2727	(02)	久○
	1889	神200か	3503	(02)	社○
	1890	神200か	3501	(02)	明○
Z	2812	神200か	2812	(02)	西○
	1980	神200か	2426	(03)	田□
	1983	神200か	3196	(03)	明○
	1984	神200か	5790	(03)	明○
	1985	神200か	3502	(03)	明○
	1987	姫200か	1588	(03)	姫○
K	1989	姫200か	927	(03)	姫○
K	1990	姫200か	925	(03)	姫○
Z	2496	神200か	2496	(03)	西○
Z	3389	神200か	3389	(03)	西○
Z	3436	神200か	3436	(03)	西○
	2181	姫200か	928	(05)	山○
	2182	神200か	5746	(05)	田□
	2183	神200か	3867	(05)	田○
	2184	神200か	3706	(05)	田○
	2185	神200か	3708	(05)	明○
	2186	神200か	3707	(05)	田○
	2187	神200か	4147	(05)	田○
W	2188	姫200か	1283	(05)	粟○
	2189	神200か	4148	(05)	田○
	2190	神200か	4139	(05)	三○
	2191	神200か	4161	(05)	田○
W	2192	姫200か	1114	(05)	相○
Z	3608	神200か	3608	(05)	窟△
Z	3798	神200か	3798	(05)	西○
Z	3883	神200か	3883	(05)	窟○
Z	4400	神200か	4400	(05)	西○
Z	4446	神200か	4446	(05)	窟○

PJ-LV234N1(西工)

Z	2260	神230あ	2260	(06)	西○

PDG-LV234L2(JBUS)

W	2588	姫200か	1563	(09)	粟○

PKG-LV234N2(JBUS)

W	2481	姫200か	1417	08	相○
W	2680	姫200か	1500	(10)	相○

QQG-LV234N3(JBUS)

	3080	姫200か	1087	14	姫○
	3081	姫200か	1088	14	東○
	3180	姫200か	1156	15	姫○
	3181	姫200か	1157	15	東○

QDG-LV290N1(JBUS)

	3280	姫200か	1222	16	姫○
	3281	神200か	4740	16	明○
	3282	神200か	4741	16	明○

QPG-LV290Q1(JBUS)

	3380	姫200か	1280	17	姫

3381 神200 か 4924 17 西○
3382 神200 か 4934 17 西○

2PG-LV290Q2(JBUS)
3490 姫200 か 1335 18 姫○
3491 神200 か 5121 18 明○
3492 神200 か 5122 18 明○
3493 神200 か 5123 18 西○
3494 神200 か 5124 18 西○
3580 神200 か 5300 19 西○
3581 神200 か 5301 19 神○
3582 神200 か 5302 19 明○
3583 神200 か 5303 19 明○
3584 神200 か 5304 19 西○
3585 神200 か 5305 19 西○
3586 神200 か 5306 19 西○

2DG-LV290N3(JBUS)
3690 神200 か 5485 20 明○

2PG-LV290Q3(JBUS)
3680 姫200 か 1471 20 姫○
3681 姫200 か 1472 20 東○

2SG-HL2ANBD(JBUS)
3990 姫200 か 1593 23 姫○
3991 神200 か 5817 23 明○
3992 神200 か 5816 23 田○
3993 姫200 か 1594 23 加○
3994 神200 か 5815 23 三○
3995 神200 か 5814 23 社○

QTG-RU1ASCJ(JBUS)
K 3311 な200 か 2627 17 阪◎

2KG-RU2AHDJ(JBUS)
W 22900 姫200 か 1450 19 粟□

2TG-RU1ASDJ(JBUS)
K 3411 な200 か 2452 17 阪◎

3430 神200 か 5266 18 田◎
3431 神200 か 5267 18 田◎
3432 神200 か 5268 18 田◎
3530 神200 か 5358 19 三○
3531 神200 か 5359 19 田○
3532 神200 か 5360 19 田○
3533 神200 か 5469 19 三○
3534 神200 か 5470 19 三○
K 3611 な230 あ 3611 20 阪○

NISSAN

CBA-KS4E26(日産)
W 70268 姫300 か 268 16 相○
W 70277 姫300 か 277 17 相○

PA-AVW41(日産)
W 31673 姫200 あ 190 06 相○

NISSAN DIESEL

KK-RM252GAN(西工)
W 23171 姫200 か 110 (01) 赤○
W 23173 神200 か 4995 (01) 篠○

KL-UA272KAM(富士)
4750 神200 か 608 (01) 神○
4751 神200 か 609 (01) 神○

KL-UA452KAN(西工)
5084 神200 か 5787 (04) 三○
5086 神200 か 4832 (04) 社○
W 5087 神200 か 4699 (04) 篠○
5089 神200 か 3928 (04) 明○
5090 姫200 か 1263 (04) 姫○
5091 姫200 か 1353 (04) 東○
5093 神200 か 4115 (04) 社○

PKG-RA274MAN(西工)
W 5360 姫200 か 1578 (07) 相○

TOYOTA

KH-KZH120G(トヨタ)
W 30067 姫300 あ 67 00 相○

LDF-KDH223B(トヨタ)
W 5050 姫230 あ 5050 12 相○

QDF-KDH201K(トヨタ)
W 32382 神800 あ 9423 13 脇○
32383 神800 あ 9424 13 三○
32385 神800 あ 9463 13 三○

CBA-TRH219W(トヨタ)
W 105 姫300 あ 105 06 粟○
W 31185 姫330 あ 1185 11 粟○
W 31184 姫330 あ 1184 13 山○
W 40364 姫300 あ 364 18 粟○

CBF-TRH223B(トヨタ)
W 32273 姫230 あ 560 12 粟○
32573 神200 あ 584 15 社○
W 362 姫200 あ 362 19 粟○

CBF-TRH228B(トヨタ)
W 32660 神200 あ 604 16 脇○
W 32774 神200 あ 629 17 脇○

CBA-TRH229W(トヨタ)
W 32581 姫330 あ 2581 15 山○
W 32582 姫330 あ 2582 15 山○
W 32583 姫330 あ 2583 15 山○
W 32584 姫330 あ 2584 15 山○
W 32585 姫330 あ 2585 15 山○
W 32586 姫330 あ 2586 15 山○
W 32587 姫330 あ 2587 15 山○
W 32588 姫330 あ 2588 15 山○

3BA-TRH229W(トヨタ)
W 33281 姫330 あ 3281 22 山○

W 33282 姫330 あ 3282 22 山○

SDG-XZB51（トヨタ）
K 32301 神200 あ 698 13 神△

ZBC-MUM1NAE（JBUS）
　 11184 姫230 あ 1184 21 東○

HINO

2KG-XZB70M（トヨタ）
K 33101 姫200 あ 386 21 姫□
K 33102 神200 あ 699 21 神□

KC-RX4JFAA（日野）
W 30881 姫200 か 594 98 赤○

ADG-HX6JLAE（JBUS）
W 31671 姫200 か 515 06 相○
W 31674 神200 か 5237 06 脇○
W 31675 姫200 か 547 06 粟○
　 31676 姫200 か 548 06 北○

BDG-RX6JFBA（JBUS）
W 31784 姫200 か 1445 07 山○

BDG-HX6JLAE（JBUS）
　 31870 神200 か 2676 08 三○
　 31871 姫200 か 1102 08 南○
　 32070 姫200 か 873 10 南○
　 32071 姫200 か 874 10 南○
　 32072 姫200 か 875 10 南○
　 32170 姫200 か 950 11 北○
　 32171 姫200 か 997 11 北○
W 43567 神200 か 3567 11 篠○
W 43568 神200 か 3568 11 篠○

SKG-HX9JHBE（JBUS）
W 32350 姫230 あ 3250 13 相○
W 32351 姫230 あ 3251 13 相○

W 32475 姫230 あ 2475 14 相○
W 32476 姫230 あ 2476 14 赤○
W 32477 姫200 あ 318 14 赤○

SKG-HX9JLBE（JBUS）
　 32270 神200 か 3860 12 社○
　 32271 姫200 か 1512 12 南○
　 32272 神200 か 4025 12 社○
　 32370 姫200 か 1046 13 南○
　 32371 姫200 か 1047 13 南○
　 32372 姫200 か 1048 13 南○
　 32373 神200 か 4245 13 田○
Z 　4246 神200 か 4246 13 窟○
　 32375 神200 か 4247 13 三○
Z 　4248 神200 か 4248 13 窟○
Z 　4252 神200 か 4252 13 窟○
　 32376 神200 か 4264 13 三○
　 32377 神200 か 4265 13 三○
　 32378 神200 か 4266 13 三○
　 32379 神200 か 4267 13 三○
　 32380 神200 か 4268 13 三○
　 32381 神230 あ 8800 13 三○
Z 　8801 神230 あ 8801 13 窟○
Z 　8802 神230 あ 8802 13 窟○
　 32470 姫200 か 1097 14 南○
　 32471 姫200 か 1567 14 北○
　 32472 姫200 か 1511 14 南○
　 32473 姫200 か 1208 14 南○
　 32570 姫200 か 1159 15 南○
　 32572 神200 か 4683 15 社○
　 32773 神200 か 5025 17 社○

SDG-HX9JLBE（JBUS）
　 32670 姫200 か 1238 16 南○
　 32671 姫200 か 1251 16 南○
　 32672 姫200 か 1252 16 南○
　 32770 姫200 か 1315 17 南○
　 32771 姫200 か 1316 17 南○
　 32772 姫200 か 1317 17 南○
W 43380 神230 あ 3380 17 篠○

2DG-HX9JHCE（JBUS）
W 32985 姫230 あ 2985 19 赤○
W 33192 姫230 あ 3192 21 赤○
W 33261 姫202 う 1 22 相○
W 33262 姫200 か 2 22 相○
W 33263 姫200 か 3 22 赤○

2DG-HX9JLCE（JBUS）
　 32870 姫200 か 1375 18 南○
　 32871 姫200 か 1376 18 南○
　 32872 神200 か 5261 18 明○
　 32873 神230 か 5151 18 社○
W 32874 姫200 か 1381 18 粟○
　 32980 神200 か 5355 19 久○
　 32981 神200 か 5356 19 久○
　 32982 神200 か 5357 19 久○
　 32983 姫200 か 1440 19 南○
W 32986 姫230 あ 2986 19 相○
　 33090 神200 か 5486 20 明○
　 33091 神230 か 2525 20 社○
W 33190 神200 か 5625 21 脇○
W 33191 神230 あ 725 21 粟○
　 33193 神230 け 2525 21 社○
　 33195 神200 か 5694 21 久○
　 33196 神200 か 5695 21 久○
　 33197 神200 か 5693 21 久○
W 33260 姫230 あ 3260 22 相○

KK-RJ1JJHK（日野）
W 29385 姫200 か 1386 (03) 粟○

KK-RR1JJGA（日野）
W 29171 神200 か 3906 (01) 篠○

KK-HR1JKEE（日野）
W 29170 神200 か 5333 (01) 篠○
W 29371 姫200 か 215 03 山○
W 29372 姫200 か 216 03 赤○
W 29373 神200 か 5326 03 篠○
W 29375 姫200 か 219 03 山○

W 29376 姫200 か 1203 (03) 粟○
W 29379 神200 か 5510 (03) 篠○
W 29381 神200 か 5348 (03) 篠○
W 29470 姫200 か 300 04 相○
　 29472 神200 か 5740 04 久○
W 29473 姫200 か 303 04 粟△
W 29474 姫200 か 304 04 粟△
W 29475 神200 か 5640 04 篠○

PB-HR7JHAE（JBUS）
　 29570 姫200 か 378 05 姫○
　 29572 姫200 か 380 05 姫○
　 29573 姫200 か 381 05 姫○
　 29574 姫200 か 382 05 東○
　 29575 姫200 か 383 05 東○
　 29670 姫200 か 464 06 東○
　 29671 姫200 か 465 06 姫○
　 29672 姫200 か 466 06 姫○
　 29673 姫200 か 467 06 東○
　 29674 姫200 か 468 06 東○
　 29675 姫200 か 469 06 東○
　 29676 姫200 か 531 06 姫○
　 29677 姫200 か 532 06 姫○
　 29678 姫200 か 533 06 姫○

PK-HR7JPAE（JBUS）
W 7077 姫200 か 1465 (05) 粟△
W 7180 姫200 か 1523 (06) 粟△
W 7181 神200 か 5615 (06) 篠○

PDG-KR234J2（JBUS）
　 29870 姫200 か 624 08 東○
　 29871 姫200 か 625 08 東○
　 29872 姫200 か 626 08 東○
　 29873 姫200 か 705 09 姫○
　 29874 姫200 か 706 09 姫○
　 29875 姫200 か 707 09 姫○
　 20204 神200 か 2954 (09) 神○
　 20205 神200 か 2955 (09) 神○
　 20206 神200 か 2956 (09) 神○

　 20070 姫200 か 847 10 山○
　 20071 姫200 か 848 10 姫○

SKG-KR290J1（JBUS）
　 20370 姫200 か 1044 13 姫○
　 20371 姫200 か 1045 13 東○
　 20372 神200 か 1590 13 姫○
　 20470 姫200 か 1089 14 姫○
　 20471 姫200 か 1090 14 東○
　 20472 姫200 か 1098 14 加○
　 20473 姫200 か 1099 14 加○
　 20474 姫200 か 1100 14 加○
　 20475 姫200 か 1101 14 加○
　 20476 姫200 か 1452 14 北○
　 20477 姫200 か 1366 14 山○
　 20570 姫200 か 1144 15 姫○
　 20571 姫200 か 1145 15 東○
　 20572 姫200 か 1146 15 東○
　 20573 姫200 か 1147 15 北○
　 20574 姫200 か 1148 15 山○
　 20575 姫200 か 1154 15 加○
　 20576 姫200 か 1155 15 加○
　 20577 姫200 か 1425 15 東○
　 20578 姫200 か 1424 15 加○
　 20670 姫200 か 1210 16 加○
　 20671 姫200 か 1211 16 加○
　 20672 姫200 か 1467 16 加○

SKG-KR290J2（JBUS）
W 20771 姫200 か 1314 17 赤○

2KG-KR290J3（JBUS）
W 20870 神230 い 3380 18 篠○
W 3381 神230 あ 3381 19 篠○

2KG-KR290J4（JBUS）
W 21080 姫230 あ 1080 20 相○

KL-HU2PLEA（日野）
W 6550 姫200 か 1006 (01) 山○

W 6770 神200 か 5656 (02) 篠○
W 6771 神200 か 5466 (02) 篠○

KL-KV280L1（JBUS）
　 7070 神200 か 3932 (05) 明○
　 7071 神200 か 3933 (05) 明○

PJ-KV234L1（JBUS）
　 7072 神200 か 3976 (05) 明○
　 7073 姫200 か 1261 (05) 山○
　 7074 姫200 か 1260 (05) 北○
　 7075 神200 か 4133 (05) 明○
　 7076 神200 か 4135 (05) 明○
　 7176 姫200 か 1505 (06) 山○
　 7177 神200 か 3863 (06) 明○

PJ-KV234N1（JBUS）
W 7173 姫200 か 528 06 山○
　 7174 姫200 か 529 06 北○
　 7175 姫200 か 530 06 北○

PJ-KV234N1（西工）
　 7271 神200 か 5638 07 三○

ACG-HU8JMFP（JBUS）
W 7170 姫200 か 512 06 山○
　 7171 姫200 か 513 06 姫○
W 7172 姫200 か 514 06 山○

PKG-KV234N2（JBUS）
　 7372 姫200 か 629 08 姫○
W 7373 姫200 か 628 08 山○
　 7374 姫200 か 627 08 北○
　 7377 姫200 か 663 08 北○
　 7378 姫200 か 664 08 北○
　 7379 姫200 か 665 08 姫○
　 7475 神200 か 3511 09 西○
　 7476 神200 か 3471 09 西○
　 7477 神200 か 3476 09 西○
　 7478 神200 か 3485 09 西○

7479	神200か3492	09	西○	
7572	姫200か 832	10	北○	
7573	姫200か 833	10	姫○	
7574	姫200か 834	10	北○	
7575	神200か3510	10	西○	
7577	神200か3448	10	明○	
7579	神200か3486	10	明○	
7580	神200か3513	10	西○	
7583	神200か3409	10	西○	
7584	神200か3410	10	西○	
7585	神200か3411	10	西○	
7586	神200か3512	10	西○	

BJG-HU8JMFP（JBUS）

7371	姫200か1355	08	山○	
7376	神200か2871	08	久○	
7570	姫200か 835	10	山○	
7571	姫200か 836	10	姫○	
7581	姫200か 887	10	姫○	
7582	姫200か 889	10	姫○	

LKG-KV234N3（JBUS）

7773	姫200か 973	12	山○	
7774	姫200か 974	12	東○	
7775	姫200か 975	12	姫○	
7777	神200か5509	12	明○	
7781	神200か5158	12	明○	
7782	神200か5077	12	明○	
7784	神200か5074	12	明○	

LJG-HU8JMGP（JBUS）

7770	姫200か 988	12	姫○	
7771	姫200か 989	12	姫○	

QPG-KV234N3（JBUS）

7970	姫200か1091	14	姫○	
7971	姫200か1092	14	東○	
7972	姫200か1093	14	北○	
7973	姫200か1094	14	北○	
8070	姫200か1152	15	姫○	

8071	姫200か1153	15	東○	
8072	姫200か1150	15	北○	
8073	姫200か1151	15	北○	

QPG-KV234Q3（JBUS）

Z	3903	神200か3903	12	窟△

LNG-HU8JMGP（JBUS）

7870	姫200か1040	13	山○	
7871	姫200か1041	13	姫○	

QKG-KV290N1（JBUS）

W	8260	姫200か1272	17	山○
W	8261	姫200か1302	17	相○
W	8262	姫200か1318	17	山○

QPG-KV290Q1（JBUS）

8280	神200か4932	17	明○	
8281	神200か4931	17	西○	
8282	神200か4930	17	明○	

QSG-HL2ANAP（JBUS）

8170	姫200か1219	16	姫○	
8171	姫200か1220	16	姫○	
8172	姫200か1221	16	東○	
8173	神200か4739	16	田○	

QSG-HL2ASAP（JBUS）

8270	姫200か1276	17	姫○	
8271	姫200か1277	17	姫○	
8272	姫200か1278	17	東○	
8273	神200か4913	17	田○	

2PG-KV290Q2（JBUS）

8374	姫200か1339	18	東○	
8375	神200か5134	18	明○	
8376	神200か5135	18	神○	
W	8470	姫200か1388	19	相○
8477	神200か5313	19	明○	

2SG-HL2ASBP（JBUS）

8370	姫200か1336	18	姫○	
8371	姫200か1337	18	姫○	
8372	姫200か1338	18	東○	
8373	神200か5136	18	田○	
8471	姫200か1389	19	姫○	
8472	姫200か1394	19	姫○	
8473	姫200か1395	19	姫○	
8474	姫200か1396	19	東○	
8475	姫200か1397	19	東○	
8476	神200か5312	19	田○	
8570	姫200か1473	20	姫○	
8571	姫200か1475	20	姫○	
8572	姫200か1476	20	東○	
8573	姫200か1474	20	東○	
8574	神200か5499	20	田○	
8575	神200か5498	20	田○	

KX525Z1（JBUS）

10101	神230く 101	20	神○	
10102	神230か 102	21	神○	
10103	神230か 103	21	神○	
10104	神230か 104	21	神○	

BDG-RU8JHAA（JBUS）

K	20001	神200か5784	10	西□

LKG-RU1ESBA（JBUS）

7630	姫200か1119	11	姫◎	
7631	神200か5734	11	神◎	
7632	姫200か1001	11	姫◎	
K	7701	神200か4800	12	西□
K	7702	姫200か1585	12	姫□
K	7705	な200か2310	12	阪□

SDG-RU8JHBA（JBUS）

W	20301	姫230あ 258	13	相□
Z	4475	神200か4475	14	西□
K	20600	な230う 600	16	阪□

QRG-RU1ASCA(JBUS)

K	7901	な200か1950	14	阪□
K	7902	な200か1948	14	阪□

QPG-RU1ESBA(JBUS)

K	7811	な200か2458	13	阪◎
K	7812	な200か2455	13	阪◎

QTG-RU1ASCA(JBUS)

K	8001	姫200か1169	15	姫□
K	8002	な200か1947	15	阪□
K	8003	神200か5783	15	神△
K	8004	な230あ8004	15	阪□
	8030	神200か4688	15	神◎
	8031	神200か4689	15	神◎
	8032	神200か4690	15	三◎
	8033	神200か4691	15	三◎
	8034	神200か4692	15	田◎
	8035	神200か4693	15	田◎
	8036	神200か4694	15	田◎
K	8101	神230あ8101	16	小□
K	8102	神230あ8102	16	西□
K	8103	神230あ8103	16	神□
K	8104	神230い8104	16	小□
K	8105	神230い8105	16	西□
K	8106	な230い8106	16	阪□
K	8111	な200か2457	16	阪◎
K	8112	な200か2453	16	阪◎
	8130	神200か4890	16	神◎
	8131	神200か4889	16	神◎
	8132	神200か4896	16	三◎
	8133	神200か4897	16	三◎
	8134	神200か4900	16	田◎
	8135	神200か4901	16	田◎
K	8201	姫230あ8201	17	姫□
K	8202	姫230あ8202	17	龍□
K	8203	神200か5596	17	神□
K	8204	神230あ8204	17	小□
K	8211	な200か2626	17	阪◎

2DG-RU2AHDA(JBUS)

K	0901	姫230あ901	19	姫□
K	2901	神230い2901	19	西□
K	20900	姫230あ900	19	龍□

2TG-RU1ASDA(JBUS)

K	8301	姫230あ8301	18	姫□
K	8302	姫230あ8302	18	龍□
K	8303	神230あ8303	18	神□
K	8304	な230あ8304	18	阪□
K	8311	な200か2456	18	阪◎
	8330	神200か5108	18	神◎
	8331	神200か5109	18	神◎
	8332	神200か5105	18	三◎
	8333	神200か5106	18	三◎
	8334	神200か5107	18	田◎
	8335	姫200か1350	18	姫◎
	8336	姫200か1367	18	姫◎
	8337	神200か5271	18	田◎
	8338	神200か5270	18	三◎
	8339	神200か5269	18	三◎
	8340	神200か5279	18	三◎
	8341	神200か5272	18	社◎
	8342	神200か5273	18	社◎
K	8401	神230あ8401	19	西□
	8430	神200か5361	19	神◎
K	8511	な230あ8511	20	阪□
K	8512	な230あ8512	20	阪□
K	8513	な230あ8513	20	阪◎

MITSUBISHI FUSO

KK-BE63EE(三菱)

W	31383	姫200あ120	03	相□

KK-BE66DG(三菱)

W	31150	神200あ531	(01)	脇□

PDG-BE64DG(三菱)

	31970	姫200あ250	09	姫○

	31971	姫200あ251	09	姫○

TPG-BE640G(MFBM)

Z	518	神200あ518	13	窟○
Z	519	神200あ519	13	窟○
Z	521	神200あ521	13	窟○

KK-ME17DF(MFBM)

W	31376	神200か1241	03	脇○

PA-ME17DF(MFBM)

W	31570	神200か1828	05	篠○
W	31571	神200か1829	05	篠○
W	31670	神200か3187	06	脇○
	31677	神200か1950	06	三○
Z	1951	神200か1951	06	西○

KK-MJ23HE(MBM/MFBM)

W	31171	神200か1486	01	相○
W	31470	神200か2573	04	篠○

KK-MJ26HF(MBM)

W	31001	姫200あ312	00	粟□
W	31101	姫200あ59	01	山□
Z	150	神200あ150	01	窟○
	23150	神200あ684	(01)	神○
	23151	神200あ685	(01)	神○
W	31200	姫200あ254	02	山□
Z	5329	神200か5329	(02)	窟○
Z	5330	神200か5330	(02)	窟○
Z	5367	神200か5367	(02)	窟○

KK-MJ27HF(MFBM)

W	31371	神200か5073	03	脇○

KK-MJ27HL(MFBM)

W	20299	姫200か299	04	赤△
W	23472	神200か5641	04	篠○
W	23473	姫200か309	04	相○
W	23474	神200か5529	(04)	篠○

Column 1

W	23475	姫200か 320	(04)	粟△
W	23476	姫200か 321	(04)	相△
W	23478	神200か 5725	(04)	篠△
W	23480	姫200か 325	(04)	赤○
W	23481	姫200か 326	(04)	山○
W	23482	姫200か 1565	(04)	粟○
W	23483	姫200か 1566	(04)	粟○

KK-MK23HH(MBM/MFBM)

W	22971	神200か 4576	00	篠○
W	20192	姫200か 192	02	赤△
Z	1427	神200か 1427	04	窟○

KK-MK25HJ(MFBM)

Z	3460	神230あ 3460	(04)	西○

PA-MJ26RF(MFBM)

Z	545	神200あ 545	07	窟□

PA-MK25FJ(MFBM)

Z	1965	神200か 1965	06	窟△

PA-MK27FH(MFBM)

	23570	姫200か 384	05	加○
	23571	姫200か 385	05	加○
	23572	姫200か 386	05	加○
W	23573	姫200か 387	05	相○
W	23574	姫200か 1463	(05)	粟△
	23670	姫200か 470	06	加○
	23671	姫200か 471	06	加○
	23672	姫200か 472	06	加○
W	23673	姫200か 473	06	相○
	23675	姫200か 535	06	加○
	23676	姫200か 536	06	加○
	23678	神200か 2219	06	久○
	23679	神200か 2220	06	久○
Z	4664	神200か 4664	06	西○
Z	2368	神200か 2368	07	西○
Z	2451	神200か 2451	07	西○

Column 2

PDG-AR820GAN(西工)

	23870	姫200か 621	08	加○
	23871	神200か 4359	08	三○
	23872	姫200か 623	08	加○
	23873	神200か 2731	08	三○
	23874	姫200か 619	08	加○
	23875	姫200か 1531	08	山○
	23876	姫200か 708	09	加○
	23877	神200か 5507	09	三○
	23878	神200か 5505	09	三○
	23879	姫200か 711	09	加○
	23880	姫200か 712	09	加○
	23881	姫200か 713	09	加○
	24070	姫200か 837	10	加○

TKG-MK27FH(MFBM)

	24670	姫200か 1212	16	姫○

KC-MP317M(MBM)

W	4558	姫200か 1415	00	山○

KC-MP717M(MBM)

W	4690	姫200か 1351	00	相□

KL-MP35JP(MFBM)

Z	2186	神200か 2186	(05)	窟△
Z	2187	神200か 2187	(05)	窟△

KL-MP37JM(MBM/MFBM)

W	4671	神200か 5518	00	脇○
W	4771	神200か 769	01	篠○
W	4772	神200か 770	01	脇○
W	4773	神200か 5232	01	脇○
W	4774	姫200か 1489	01	山○
W	4972	姫200か 1533	03	山○
W	4973	姫200か 1534	03	山○
W	4974	神200か 1057	03	篠○
W	4976	姫200か 1538	03	粟○
	5073	神200か 1304	04	明○
	5074	神200か 1305	04	明○

Column 3

W	5075	姫200か 1580	04	粟○
	5076	神200か 1301	04	田○
	5078	神200か 1303	04	田○
	5173	姫200か 1591	05	明○
	5174	神200か 1592	05	西○
	5175	神200か 1593	05	田○
	5176	神200か 1594	05	田○
	5177	神200か 1595	05	田○

PJ-MP37JM(MFBM)

	5270	神200か 1955	06	明○
	5271	神200か 1956	06	西○
	5272	神200か 1959	06	田○
	5273	神200か 1958	06	田○
	5274	神200か 1957	06	田○
W	5276	姫200か 1409	06	相○
W	5277	姫200か 1404	06	粟○
	5279	姫200か 1529	06	加○
	5280	神200か 2211	06	田○
W	5281	姫200か 1413	06	相○

PKG-AA274MAN(西工)

	5470	神200か 2627	08	明○
	5471	神200か 2628	08	西○
	5472	神200か 2632	08	田○
	5473	神200か 2633	08	田○
	5474	神200か 2634	08	田○
	5475	神200か 2635	08	田○
	5479	神200か 2865	08	明○
	5480	神200か 2866	08	西○
	5481	神200か 2905	08	田○
	5482	神200か 2906	08	田○
	5483	神200か 2907	08	田○
W	5570	姫200か 1577	(09)	相○

PKG-MP35UM(MFBM)

Z	2629	神200か 2629	08	窟○
Z	2631	神200か 2631	08	窟○
W	5477	神200か 2630	08	篠○
	5486	姫200か 1403	09	北○

	車番	登録番号	年	所属
	5487	神200 か 5521	09	西○
	5488	姫200 か 1284	09	姫○
Z	2965	神200 か 2965	09	窟○
	5577	神200 か 3005	09	久○
	5578	神200 か 3006	09	久○
	5579	神200 か 3007	09	久○
	5581	姫200 か 1528	09	加○
	5583	神200 か 2998	09	西○
	5584	神200 か 2999	09	西○
	5585	神200 か 3001	09	西○
	5586	神200 か 3002	09	西○
	5587	神200 か 3003	09	西○
	5588	神200 か 3004	09	西○
	5590	神200 か 3085	09	明○
	5593	姫200 か 1485	09	加○
	5594	姫200 か 1408	09	加○
	5595	姫200 か 1416	09	加○
	5596	姫200 か 1400	09	加○
	5597	神200 か 3092	09	三○
Z	3152	神200 か 3152	09	窟○
	5555	姫200 か 1327	09	姫○
	5558	神200 か 3158	09	西○
	5561	神200 か 3183	09	西○
	5562	神200 か 5520	09	西○
	5563	神200 か 3185	09	西○
	5564	神200 か 4755	09	田○
	5670	神200 か 3306	10	明○
	5671	神200 か 3307	10	西○
	5672	神200 か 3308	10	久○
	5673	神200 か 3309	10	久○
	5674	神200 か 3311	10	田○
	5675	神200 か 3312	10	田○
	5676	神200 か 3313	10	田○
	5677	神200 か 3334	10	明○
	5678	神200 か 3335	10	明○
	5679	神200 か 3336	10	三○
	5680	神200 か 3337	10	明○
	5681	神200 か 3338	10	西○
	5685	神200 か 3431	10	三○
	5686	神200 か 3432	10	三○

LKG-MP35FM(MFBM)

	車番	登録番号	年	所属
	5874	姫200 か 1329	12	姫○
	5875	姫200 か 1411	12	姫○
	5876	神200 か 3813	12	明○
	5877	神200 か 3814	12	明○
	5878	神200 か 3840	12	明○
	5879	神200 か 3841	12	明○
	5880	神200 か 3843	12	明○
	5881	神200 か 3844	12	明○
	5882	神200 か 3845	12	明○
	5883	神200 か 3846	12	明○
	5884	神200 か 3847	12	明○
	5885	神200 か 3848	12	明○
	5886	神200 か 3850	12	明○
	5887	神200 か 3851	12	明○
	5888	神200 か 3852	12	明○
	5889	神200 か 3853	12	明○
	5890	神200 か 3854	12	久○
	5891	姫200 か 1405	12	姫○
	5892	姫200 か 1589	12	姫○
	5893	神200 か 3833	12	三○
	5894	神200 か 3834	12	田○

LKG-MP37FM(MFBM)

	車番	登録番号	年	所属
	5682	神200 か 3433	10	西○
	5683	神200 か 3434	10	明○
	5684	神200 か 3479	10	田○
	5870	神200 か 3806	12	明○
Z	5871	神200 か 3807	12	西○
W	5872	神200 か 3808	12	田○

QKG-MP35FM(MFBM)

	車番	登録番号	年	所属
	6075	神200 か 4324	14	明○
	6076	神200 か 4325	14	明○
	6077	神200 か 4326	14	西○
	6078	神200 か 4327	14	三○
	6079	神200 か 4328	14	田○
	6080	神200 か 4329	14	田○
	6081	神200 か 4330	14	西○
	6082	神200 か 4331	14	西○

	車番	登録番号	年	所属
	6083	姫200 か 1230	14	北○
	6084	姫200 か 1426	14	北○
	6085	姫200 か 1086	14	山○
	6175	姫200 か 1163	15	山○
	6176	姫200 か 1164	15	山○
	6177	神200 か 4532	15	神○
	6178	神200 か 4533	15	明○
	6179	神200 か 4534	15	三○
	6180	姫200 か 1420	15	加○
	6181	神200 か 4536	15	社○
	6182	神200 か 4537	15	田○
	6183	神200 か 4538	15	田○
	6184	神200 か 4539	15	田○
Z	4596	神200 か 4596	15	窟○
	6283	姫200 か 1215	16	北○
	6284	姫200 か 1216	16	北○
	6285	姫200 か 1217	16	北○
	6286	姫200 か 1213	16	山○
	6287	姫200 か 1214	16	山○
	6288	神200 か 4731	16	三○
	6289	神200 か 4730	16	三○
	6290	神200 か 4732	16	社○
	6291	神200 か 4729	16	田○
	6292	神200 か 4727	16	田○
	6293	神200 か 4728	16	田○
	6294	神200 か 4733	16	田○
	6295	神200 か 4734	16	田○
	6296	神200 か 4735	16	田○
Z	4841	神200 か 4841	16	窟○
W	6360	姫200 か 1265	16	相○
W	6361	姫200 か 1306	17	相○
	6373	姫200 か 1311	17	東○
	6375	神200 か 5030	17	田○
	6380	姫200 か 1273	17	東○
	6381	姫200 か 1274	17	北○
	6382	姫200 か 1275	17	山○
	6383	神200 か 4908	17	明○
	6384	神200 か 4909	17	明○
	6385	神200 か 4910	17	久○
	6386	神200 か 4911	17	久○

	6387	神200 か 4912	17	西○
	6388	神200 か 4918	17	西○
	6389	神200 か 4917	17	田○
	6390	神200 か 4916	17	三○
	6391	神200 か 4915	17	三○
	6392	神200 か 4914	17	明○
	6393	神200 か 4919	17	田○
	6394	神200 か 4920	17	田○
	6395	神200 か 4921	17	田○
	6396	神200 か 4922	17	田○
Z	5020	神200 か 5020	17	窟○

QDG-MP35FP(MFBM)

Z	4166	神200 か 4166	13	窟△

QKG-MP35FP(MFBM)

Z	4357	神200 か 4357	14	窟△
Z	4367	神200 か 4367	14	窟△
Z	4368	神200 か 4368	14	窟△
Z	4793	神200 か 4793	16	窟△
Z	5038	神200 か 5038	17	窟△

QKG-MP37FM(MFBM)

	5970	神200 か 4130	13	明○
	5971	神200 か 4131	13	西○
	5972	神200 か 4132	13	田○
	6070	神200 か 4316	14	明○
	6071	神200 か 4317	14	明○
	6072	神200 か 4318	14	西○
	6073	神200 か 4319	14	西○
	6074	神200 か 4320	14	田○

QKG-MP38FM(MFBM)

	6170	神200 か 4525	15	明○
	6171	神200 か 4526	15	明○
	6172	神200 か 4527	15	西○
	6173	神200 か 4528	15	西○
	6174	神200 か 4529	15	田○
	6280	神200 か 4738	16	西○
	6281	神200 か 4737	16	明○

	6282	神200 か 4736	16	西○

2PG-MP35FM(MFBM)

W	6376	神200 か 5092	17	脇○
	6482	姫200 か 1331	18	北○
	6483	姫200 か 1334	18	北○
	6484	姫200 か 1333	18	山○
	6485	姫200 か 1332	18	山○
	6486	神200 か 5118	18	三○
	6487	神200 か 5117	18	社○
	6488	神200 か 5116	18	社○
	6489	神200 か 5115	18	田○
	6490	神200 か 5114	18	田○
	6580	姫200 か 1390	19	北○
	6581	姫200 か 1391	19	北○
	6582	姫200 か 1392	19	山○
	6583	姫200 か 1393	19	山○
	6584	神200 か 5294	19	明○
	6585	神200 か 5292	19	久○
	6586	神200 か 5293	19	西○
	6587	神200 か 5295	19	三○
	6588	神200 か 5296	19	社○
	6589	神200 か 5297	19	田○
	6590	神200 か 5298	19	田○
	6591	神200 か 5299	19	田○
	6592	神200 か 5308	19	田○
	6593	神200 か 5309	19	田○
	6594	神200 か 5310	19	田○
	6595	神200 か 5311	19	田○
Z	5291	神200 か 5291	19	窟○
	6687	姫200 か 1469	20	北○
	6688	姫200 か 1470	20	山○
	6689	神200 か 5482	20	明○
	6690	神200 か 5481	20	西○
	6691	神200 か 5480	20	三○
	6692	神200 か 5483	20	田○
	6693	神200 か 5484	20	田○
Z	6694	神230 あ 6694	20	窟○
Z	6695	神230 あ 6695	20	窟○
Z	6861	神230 あ 6861	22	窟○

2PG-MP38FM(MFBM)

	6480	神200 か 5120	18	西○
	6481	神200 か 5119	18	神○
W	6491	神200 か 5252	18	脇○
	6680	神200 か 5487	20	神○
	6681	神200 か 5488	20	神○
	6682	神200 か 5489	20	明○
	6683	神200 か 5490	20	西○
	6684	神200 か 5491	20	西○
	6685	神200 か 5492	20	田○
W	6699	神200 か 5535	20	篠○
W	6790	神200 か 5619	21	脇○
W	6791	神200 か 5618	21	脇○
W	6860	神200 か 5712	22	篠○

KK-MM86FH(MFBM)

W	20341	姫200 か 341	04	山□

KL-MS86MP(MFBM)

W	5031	神200 か 1129	04	山◎
W	5100	神200 か 4224	05	脇□
Z	4786	神200 か 4786	05	窟□
W	5131	姫200 か 1536	05	山◎
W	5132	姫200 か 1418	05	山◎
	5133	岡200 か 1404	05	津○
W	5134	姫200 か 1537	05	山◎
W	5135	姫200 か 1464	05	山◎
W	5137	姫200 か 1387	05	山◎
	5139	姫200 か 415	05	姫◎
	5140	姫200 か 416	05	姫◎

PA-MM86FH(MFBM)

W	23602	姫200 か 1269	06	粟△
W	23701	姫200 か 569	07	粟□

PJ-MS86JP(MFBM)

	5141	神200 か 3676	05	久○
W	5200	姫200 か 522	06	相○
W	5202	姫200 か 1519	06	相○
W	5203	神200 か 5610	06	篠△

W	5204	姫200か1520	06	山□
W	5207	神200か5605	06	脇△
	5230	神200か2151	06	神○
	5231	岡200か1751	06	津○
	5232	岡200か 782	06	津○
	5233	神200か2156	06	社○
	5234	神200か3947	06	久○
	5236	神200か2148	06	田○
	5237	神200か2150	06	田○
W	5240	姫200か1439	(06)	山□
	5330	神200か2353	07	三○
	5331	神200か5575	07	田○
	5332	神200か2434	07	神○
	5333	岡200か1569	07	津○
	5334	岡200か1007	07	津○
	5335	神200か5739	07	明○
	5336	神200か2445	07	三○
	5337	神200か2446	07	三○
	5338	神200か2447	07	三○
	5339	神200か2448	07	社○
	5340	神200か4253	07	社○
	5341	神200か4903	07	田○

PDG-MM96FH(MFBM)

Z	3230	神200か3230	09	窟□
W	23900	姫200か 751	09	相□
W	23901	神200か3505	09	篠□
W	24000	神200か4803	10	脇□
K	24100	姫200か 952	11	姫□

BKG-MS96JP(MFBM)

K	5306	神200か5724	07	小△
K	5343	姫200か1514	07	山○
K	5406	神200か2787	08	神△
W	5407	姫200か1506	08	粟□
W	5409	神200か5564	08	篠□
	5430	姫200か 646	08	姫○
	5431	神200か2721	08	田○
	5432	神200か2722	08	久○
	5433	神200か2723	08	明○

	5435	神200か2759	08	明○
	5436	神200か2760	08	明○
	5437	神200か2761	08	久○
	5438	神200か2762	08	田○
	5439	岡200か 923	08	津○
	5440	岡200か 924	08	津○
	5441	岡200か 925	08	津○
K	5500	姫200か 818	09	姫□
K	5501	神200か4447	09	神□
K	5502	姫200か1016	09	龍□
K	5503	神200か3221	09	西□
K	5504	姫200か1171	09	龍□
K	5505	神200か4785	09	西□
K	5506	姫200か 783	09	姫□
	5530	岡200か1793	09	津○
	5531	神200か3117	09	明○
	5532	神200か3118	09	田○
	5533	神200か5616	09	田○
	5534	神200か3120	09	社○
	5535	神200か3121	09	田○
	5536	神200か3122	09	明○
	5537	神200か3123	09	明○
	5538	神200か3124	09	田○
	5539	神200か3125	09	田○
	5540	神200か3126	09	田○
	5541	神200か3127	09	田○
K	5600	神200か 877	10	姫□
K	5601	神200か5626	10	田□
K	5602	姫200か 897	10	姫□
K	5603	神200か1568	10	姫□
	5604	神200か3440	10	明○
K	5605	神200か3441	10	西○
K	5607	神200か1002	10	龍□
	5630	神200か5691	10	社○
	5631	神200か3296	10	社○
	5632	神200か3297	10	社○
	5633	神200か3298	10	社○
	5634	神200か3299	10	社○
	5635	神200か3396	10	神○
	5636	神200か3397	10	神○

	5637	神200か3398	10	神○
	5638	神200か3399	10	神○
	5639	神200か5062	10	明○
	5640	神200か5061	10	田○
	5641	神200か3400	10	明○
	5642	神200か3401	10	明○
	5643	神200か3402	10	田○
	5644	神200か3403	10	田○

LKG-MS96VP(MFBM)

	5730	神200か3652	11	神○
	5731	神200か3653	11	神○
	5732	神200か3654	11	神○
	5733	神200か3655	11	神○
	5734	神200か3656	11	神○
	5735	神200か3657	11	久○
	5736	神200か3658	11	社○
	5737	神200か3646	11	田○
	5738	神200か3647	11	田○
	5739	神200か3648	11	田○
	5740	神200か3650	11	田○
	5741	神200か3651	11	田○
K	5802	姫200か1570	12	姫□
K	5803	姫200か1575	12	姫□
K	5805	姫200か1019	12	龍□
	5830	神200か3836	12	神○
	5831	神200か3837	12	神○
	5832	神200か3838	12	神○
	5833	神200か3839	12	神○

TDG-MM97FH(MFBM)

W	24200	姫200か 996	12	粟□
W	24600	姫200か1236	16	粟□
W	24700	姫200か1313	17	相□

QRG-MS96VP(MFBM)

	5834	神200か3969	12	田○
	5835	神200か3970	12	神○
	5836	神200か3971	12	社○
	5837	神200か5617	12	田○

	5838	神200か3973	12	田◎		6130	姫200か1188	15	姫◎	W	6420	姫200か1385	18 山◎
	5839	神200か3974	12	田◎		6131	神200か4624	15	神◎	K	6421	神230え 32	18 小□
	5840	神200か3975	12	田◎		6132	神200か4623	15	神◎	K	6426	神231い 18	18 西□
K	5901	神200か5706	13	西□		6133	岡200か1386	15	津◎		6430	神200か5175	18 三◎
K	5902	姫200か1569	13	姫□							6431	神200か5174	18 社◎
K	5903	神200か4275	13	小□	**QTG-MS96VP(MFBM)**						6432	神200か5173	18 田◎
K	5904	神200か4276	13	西□	K	6201	姫230あ6201	16	姫□		6433	神200か5263	18 神◎
K	5930	神200か4216	13	神◎	K	6202	姫230あ6202	16	姫□		6434	神200か5265	18 明◎
	5931	神200か4217	13	神◎	K	6203	姫230あ6203	16	姫□		6435	神200か5264	18 久◎
	5932	神200か4218	13	神◎	K	6204	姫230あ6204	16	龍□		6436	神200か5262	18 社◎
	5933	神200か4220	13	神◎	K	6205	姫230あ6205	16	龍□		6437	岡200か1664	18 津◎
	5934	神200か4221	13	神◎	K	6206	な230か2612	16	阪□	K	6501	姫230あ6501	18 姫□
	5935	神200か4222	13	田◎	K	6221	姫230あ6221	16	姫□		6530	姫200か1433	19 姫□
	5936	神200か4223	13	明◎	K	6222	神230あ6222	16	西□		6531	姫200か1457	19 姫□
	5937	神200か4431	13	明◎	K	6226	姫202い 1	16	姫□		6532	姫200か1458	19 姫□
	5938	神200か4228	13	久◎	K	6227	神200う 2	16	西□		6533	岡200か1725	19 津◎
	5939	神200か4229	13	社◎	K	6228	な230あ6228	16	阪◎		6534	神200か5463	19 明◎
	5940	神200か5737	13	田◎	K	6229	な230あ6229	16	阪◎		6535	神200か5462	19 久◎
K	6001	姫200か1133	14	姫□		6230	岡200か1487	16	津◎		6536	神200か5465	19 社◎
K	6002	姫200か1134	14	姫□		6231	神200か4876	16	神◎		6537	神200か5464	19 田◎
K	6003	姫200か1135	14	姫□		6232	神200か4877	16	三◎	K	6621	姫230あ6621	20 姫□
K	6004	神200か4450	14	小□		6233	神200か4879	16	社◎		6930	神200か5797	22 明◎
K	6005	神200か5723	14	神□		6234	神200か4878	16	田◎		6931	神200か5796	22 久◎
	6030	神200か4409	14	神◎	K	6301	神230あ6301	17	西□		6932	神200か5795	22 三◎
	6031	神200か4412	14	神◎	K	6302	姫200か1526	17	姫□		6933	神200か5801	22 社◎
K	6032	神200か4410	14	神◎	K	6303	神200か5601	17	西□		6934	神200か5799	22 田◎
K	6033	神200か4411	14	神◎	K	6304	な230い6304	17	阪□				

MERCEDES BENZ

CITARO-G(BENZ)

	6034	岡200か1307	14	津◎
	6035	神200か4413	14	田◎

(continued)

	6034	岡200か1307	14 津◎	W	6320	姫200か1285	17	山□	
	6035	神200か4413	14 田◎	K	6321	姫230あ6321	17	姫□	
	6036	神200か4414	14 田◎	K	6322	神230あ6322	17	西□	10001 神200か4138 13 田○
	6037	神200か4418	14 三◎	K	6328	な230あ6328	17	阪□	10002 神200か4140 13 田○
	6038	神200か4419	14 三◎		6331	神200か5033	17	神◎	10003 神200き 3 18 田○
	6039	神200か4417	14 社◎		6332	岡200か1557	17	津◎	10004 神230あ 4 18 田○
K	6100	姫200か1271	15 龍□		6333	神200か5032	17	社◎	10005 神200け 5 20 田○
K	6101	神200か4884	15 西□		6334	神200か5031	17	田◎	
K	6102	神200か4583	15 西□						**N117/2(AUWARTER)**
K	6103	神200か4584	15 西□	**2TG-MS06GP(MFBM)**					10021 神200か4941 (89) 神○
K	6104	姫230あ6104	15 姫□		6330	神200か5021	17	田◎	
K	6105	神200か5008	15 小□	K	6401	姫230あ6401	18	姫□	
K	6106	神230あ6106	15 西□	K	6402	姫200か1524	18	龍□	

●現有車両一覧表凡例

　KK-LR233E1　（いすゞ）
　　①　　　　　②

　W　31173　神200か3907　(01)　脇　○
　③　　④　　　　⑤　　　　⑥ ⑦ ⑧

①車台型式（改は省略）
②ボディメーカー
③保有事業者
　無印：神姫バス／W：ウイング神姫
　／Z：神姫ゾーンバス／K：神姫観光
④社番（P4参照）
⑤登録番号
　姫：姫路／神：神戸／岡：岡山／な
　：なにわ
⑥年式（登録年西暦の下2桁）

　（　）：移籍車（神姫バスグループ間
　を除く）の新製時の登録年
⑦所属営業所
　姫：姫路／東：姫路東／北：北条／
　山：山崎／加：加古川／南：加古川
　南／明：明石／久：大久保／西：西
　神／神：神戸／三：三木／田：三田
　／社：社／津：津山／粟：粟賀／篠
　：篠山／脇：西脇／相：相生／赤：
　赤穂／窟：窟屋／龍：龍野／小：小
　野／阪：大阪
⑧用途
　○：一般路線車／◎：特高車／□：
　貸切車／△：特定車

現有車両車種別解説

ISUZU

●KK-LR233E1　　　　　　（11）
　機関6HH1、軸距3400mmのエルガミオワンステップバスで、姫路市から継承した。

●KK-LR233J1　　　　（12・13）
　機関6HH1、軸距4400mmのエルガミオ。29097はワンステップバスで、淡路交通から移籍した。29450・20201はノンステップバスで、神戸交通振興から継承した。

●PA-LR234J1　　　　（14〜16）
　機関6HK1、軸距4400mmのエルガミオ。20202・20203はレトロ調のワンステップバスで、神戸交通振興から継承した。29580〜29584はワンステップバスで、淡路交通から継承した。9480・29481・29483はノンステップバスで、姫路市から継承した。

●PDG-LR234J2　　　　　　（2）
　機関6HK1、軸距4400mmのエルガミオ。レトロ調のワンステップバスで、

神戸交通振興から継承した。

●SKG-LR290J2　　　　　　（17）
　機関4HK1、軸距4400mm、AMT仕様のエルガミオノンステップバスである。

●2KG-LR290J4　　　　　　（18）
　機関4HK1、軸距4400mm、AMT仕様のエルガミオノンステップバスである。

●KL-LV280L1　　　　（19〜22）
　機関8PE1、軸距4800mmのエルガ。1892・2080はワンステップバスで、1892は前面に自転車ラックを装備。1892は近鉄バス、2080は山陽バスから移籍した。1893・1994・2081・2082はノンステップバスで、1994・2082は前面に自転車ラックを装備。1893は山陽バス、他は小田急バスから移籍した。

●KL-LV280N1　　　　　　（23）
　機関8PE1、軸距5300mmのエルガワンステップバスで、03年式から側窓がサッシレス。淡路交通から移籍した。

●PJ-LV234N1　　　　　　（24）
　機関6HK1、軸距5300mmの西工B型

ワンステップバスで、阪急バスから移籍した。

●PDG-LV234L2　　　　　(25)

　機関6HK1、軸距4800mm、AT仕様のエルガワンステップバスで、阪急バスから移籍した。

●PKG-LV234N2　　　(26・27)

　機関6HK1、軸距5300mmのエルガ。2481は逆T字型窓のワンステップバスである。2680は引き違い窓のワンステップバスで、淡路交通から移籍した。

●QQG-LV234N3　　　　　(28)

　機関6HK1、軸距5300mm、AMT仕様のエルガハイブリッドノンステップバスである。

●QDG-LV290N1　　　　　(29)

　機関4HK1、軸距5300mm、AT仕様のエルガノンステップバスである。

●QPG-LV290Q1　　　　　(30)

　機関4HK1、軸距6000mm、AT仕様のエルガノンステップバスである。

●2PG-LV290Q2　　　　　(31)

　機関4HK1、軸距6000mm、AT仕様のエルガノンステップバスである。

●2DG-LV290N3　　　　　(32)

　機関4HK1、軸距5300mm、AT仕様のエルガノンステップバスである。

●2PG-LV290Q3　　　　　(33)

　機関4HK1、軸距6000mm、AT仕様のエルガノンステップバスである。

●2SG-HL2ANBD　　　　　(34)

　機関A05C、軸距5300mm、AMT仕様のエルガハイブリッドノンステップバスである。

●QTG-RU1ASCJ　　　　　(35)

　機関A09C、軸距6080mmのガーラ。固定窓で、中央トイレつき38人乗りの特高車である。

●2KG-RU2AHDJ　　　　　(36)

　機関A05C、軸距4200mm、AMT仕様

のガーラ。T字型窓で、27人乗りの貸切車である。

●2TG-RU1ASDJ　　　(7・37)

　機関A09C、軸距6080mmのガーラ。3411・3611は固定窓で、3411は中央トイレつき38人乗り、3611は中央トイレつき28人乗りの特高車である。他はT字型窓で、60人乗りの特高車である。

NISSAN

●CBA-KS4E26　　　　　(38)

　機関QR25DE、軸距2940mmのキャラバン。2WD・ディーゼル仕様である。

●PA-AVW41　　　　　(39)

　機関4M50、軸距3310mmのシビリアン。折戸・銀枠窓で、後面にリフトを装備している。

NISSAN DIESEL

●KK-RM252GAN　　　　　(40)

　機関FE6F、軸距4100mmの西工B型ノンステップバスで、姫路市から継承した。

●KL-UA272KAM　　　　　(41)

　機関MD92、軸距4800mm、AT仕様の富士7E型ノンステップバスで、神戸交通振興から継承した。

●KL-UA452KAN　　　(42〜44)

　機関PF6H、軸距4800mmの西工B型。5084・5086・5087・5090・5091はノンステップバスで、5090・5091は明石市、他は姫路市から継承した。5089・5093はワンステップバスで、明石市から継承した。

●PKG-RA274MAN　　　　　(45)

　機関MD92、軸距5300mmのスペースランナーノンステップバスで、阪急バスから移籍した。

TOYOTA

●KH-KZH120G　　　　　(46)

　機関1KZ、軸距2980mmのハイエース。2WD・ディーゼル仕様である。

●LDF-KDH223B　　　　　　（47）

　機関1KD、軸距3110mmのハイエー
ス。2WD・ディーゼル仕様である。

●QDF-KDH201K　　　　　　（48）

　機関1KD、軸距2570mmのハイエー
ス。2WD・ディーゼル仕様で、後面に
リフトを装備している。

●CBA-TRH219W　　　　　　（49）

　機関2TR、軸距2570mmのハイエー
ス。4WD・ガソリン仕様である。

●CBF-TRH223B

　機関2TR、軸距3110mmのハイエー
ス。2WD・ガソリン仕様である。

●CBF-TRH228B　　　　　　（50）

　機関2TR、軸距3110mmのハイエー
ス。4WD・ガソリン仕様である。

●CBA-TRH229W

　機関2TR、軸距3110mmのハイエー
ス。4WD・ガソリン仕様である。

●3BA-TRH229W　　　　　　（51）

　機関2TR、軸距3110mmのハイエー
ス。4WD・ガソリン仕様である。

●SDG-XZB51

　機関N04C、軸距3935mmのコースタ
ー。スイングドア・黒枠窓である。

●ZBC-MUM1NAE　　　　　　（3）

　113kWモーター×2、軸距5300mmの
燃料電池バス（FCバス）SORAである。

HINO

●2KG-XZB70M　　　　　　　（52）

　機関N04C、軸距3935mmのリエッセ
Ⅱ。スイングドア・黒枠窓である。

●KC-RX4JFAA　　　　　　　（53）

　機関J05C、軸距3550mmのリエッセ。
前中折戸・銀枠窓である。

●ADG-HX6JLAE　　　　　　（54）

　機関J05D、軸距4825mmのポンチョ
ロング。2枚扉である。

●BDG-RX6JFBA　　　　　　（55）

　機関J05D、軸距3550mmのリエッセ。

前中折戸・黒枠窓で、中扉にリフトを
装備している。

●BDG-HX6JLAE　　　　　　（56）

　機関J05D、軸距4825mmのポンチョ
ロング。2枚扉である。

●SKG-HX9JHBE　　　　　　（57）

　機関J05E、軸距4125mmのポンチョ
ショート。1枚扉である。

●SKG-HX9JLBE　　　　　　（58）

　機関J05E、軸距4825mmのポンチョ
ロング。4246・4248・4252・32375〜
32381・8801・8802・32572・32773は
1枚扉、他は2枚扉である。

●SDG-HX9JLBE　　　　　　（59）

　機関J05E、軸距4825mm、AT仕様の
ポンチョロング。43380は1枚扉、他
は2枚扉である。

●2DG-HX9JHCE　　　　　　（60）

　機関J05E、軸距4125mm、AT仕様の
ポンチョショート。1枚扉である。

●2DG-HX9JLCE　　　　　　（61）

　機関J05E、軸距4825mm、AT仕様
のポンチョロング。32873・33091・
33193は1枚扉、他は2枚扉である。

●KK-RJ1JJHK　　　　　　　（62）

　機関J08C、軸距4490mmのレインボー
RJワンステップバスで、阪急バスから
移籍した。

●KK-RR1JJGA　　　　　　　（63）

　機関J08C、軸距4490mmのレインボー
RRツーステップバスで、明石市から
継承した。

●KK-HR1JKEE　　　　　　（64・65）

　機関J08C、軸距4600mmのレインボー
HRノンステップバスで、29170は明石
市、29376・29379・29381は姫路市か
ら継承した。

●PB-HR7JHAE　　　　　　　（66）

　機関J07E、軸距4240mmのレインボー
HRノンステップバスである。

●PK-HR7JPAE　　　　　　(67)

　機関J07E、軸距5580mmのレインボー
HRノンステップバスで、阪急バスから
移籍した。

●PDG-KR234J2　　　　(68〜70)

　機関6HK1、軸距4400mmのレインボ
ーⅡ。29870〜29875・20071はノンス
テップバスである。20070はワンステッ
プバスである。20204〜20206はレトロ
調のワンステップバスで、神戸交通振
興から継承した。

●SKG-KR290J1　　　　(71・72)

　機関4HK1、軸距4400mmのレインボ
ーⅡ。20370・20470・20570はノンス
テップバスである。20371・20372・
20471〜20477・20571〜20578・20670
〜20672はワンステップバスである。

●SKG-KR290J2　　　　　　(73)

　機関4HK1、軸距4400mm、AMT仕様の
レインボーノンステップバスである。

●2KG-KR290J3　　　　　　(74)

　機関4HK1、軸距4400mm、AMT仕様の
レインボーノンステップバスである。

●2KG-KR290J4　　　　　　(75)

　機関4HK1、軸距4400mm、AMT仕様の
レインボーノンステップバスである。

●KL-HU2PLEA　　　　(76・77)

　機関P11C、軸距4800mmのブルーリ
ボンシティHU。6550はツーステップ
バスで、明石市から継承した。6770・
6771はワンステップバスで、近鉄バス
から移籍した。

●KL-KV280L1　　　　　　(78)

　機関8PE1、軸距4800mmのブルーリ
ボンⅡノンステップバスで、明石市か
ら継承した。

●PJ-KV234L1　　　　　　(79)

　機関6HK1、軸距4800mmのブルーリ
ボンⅡノンステップバスで、明石市か
ら継承した。

●PJ-KV234N1　　　　(80・81)

　機関6HK1、軸距5300mm。7173〜
7175はブルーリボンⅡノンステップバ
スである。7271は西工B型ワンステッ
プバスである。

●ACG-HU8JMFP　　　　　(82)

　機関J08E、軸距5200mmのブルーリボ
ンシティハイブリッドノンステップバス
である。

●PKG-KV234N2　　　　(83・84)

　機関6HK1、軸距5300mmのブルーリ
ボンⅡ。7372〜7374・7377〜7379・
7572〜7574はノンステップバスであ
る。7475〜7479・7575・7577・7579・
7580・7583〜7586はワンステップバス
である。

●BJG-HU8JMFP　　　　　(85)

　機関J08E、軸距5200mmのブルーリボ
ンシティハイブリッドノンステップバス
である。

●LKG-KV234N3　　　　　(86)

　機関6HK1、軸距5300mmのブルーリ
ボンⅡワンステップバスである。

●LJG-HU8JMGP　　　　　(87)

　機関J08E、軸距5200mmのブルーリボ
ンシティハイブリッドノンステップバ
スである。

●QPG-KV234N3　　　　(88・89)

　機関6HK1、軸距5300mmのブルーリ
ボンⅡ。7970・7971・8070・8071はノ
ンステップバスである。7972・7973・
8072・8073はワンステップバスであ
る。

●QPG-KV234Q3　　　　　(90)

　機関6HK1、軸距5800mmのブルーリ
ボンⅡツーステップバスである。

●LNG-HU8JMGP　　　　　(91)

　機関J08E、軸距5200mmのブルーリボ
ンシティハイブリッドノンステップバ
スである。

●QKG-KV290N1　　　　　　　（92）

機関4HK1、軸距5300mm、AMT仕様のブルーリボンノンステップバスである。

●QPG-KV290Q1　　　　　　　（93）

機関4HK1、軸距6000mm、AT仕様のブルーリボンノンステップバスである。

●QSG-HL2ANAP　　　　　　　（94）

機関A05C、軸距5300mm、AMT仕様のブルーリボンハイブリッドノンステップバスである。

●QSG-HL2ASAP　　　　　　　（95）

機関A05C、軸距6000mm、AMT仕様のブルーリボンハイブリッドノンステップバスである。

●2PG-KV290Q2　　　　　　　（96）

機関4HK1、軸距6000mm、AT仕様のブルーリボンノンステップバスである。

●2SG-HL2ASBP　　　　　　　（97）

機関A05C、軸距6000mm、AMT仕様のブルーリボンハイブリッドノンステップバスである。

●KX525Z1　　　　　　　　　（4）

機関A09C、軸距5500＋6350mm、AMT仕様のブルーリボンハイブリッド連節バスである。

●BDG-RU8JHAA　　　　　　　（98）

機関J08E、軸距4200mmのセレガ。T字型窓で、28人乗りの貸切車である。

●LKG-RU1ESBA　　　　　　　（99）

機関E13C、軸距6080mmのセレガ。T字型窓で、7630〜7632は後部トイレつき53人乗りの特高車、他は60人乗りの貸切車である。

●SDG-RU8JHBA　　　　　　　（100）

機関J08E、軸距4200mmのセレガ。T字型窓で、27人乗りの貸切車である。

●QRG-RU1ASCA　　　　　　　（101）

機関A09C、軸距6080mmのセレガ。T字型窓で、60人乗りの貸切車である。

●QPG-RU1ESBA　　　　　　　（102）

機関E13C、軸距6080mmのセレガ。固定窓で、中央トイレつき28人乗りの特高車である。

●QTG-RU1ASCA　　　　（103・104）

機関A09C、軸距6080mmのセレガ。8111・8112・8211は固定窓で、8211は中央トイレつき38人乗り、他は40人乗りの特高車である。その他はT字型窓で、8001〜8004・8101〜8106・8201〜8204は60人乗りの貸切車・特定車、他は60人乗りの特高車である。

●2DG-RU2AHDA　　　　　　　（105）

機関A05C、軸距4200mm・AMT仕様のセレガ。T字型窓で、27・28人乗りの貸切車である。

●2TG-RU1ASDA　　　　　（8・106）

機関A09C、軸距6080mmのセレガ。8311・8511〜8513は固定窓で、8513は中央トイレつき28人乗り、他は中央トイレつき38人乗りの特高車である。その他はT字型窓で、8301〜8304・8401は60人乗りの貸切車、8335・8336は後部トイレつき54人乗り、他は60人乗りの特高車である。

MITSUBISHI FUSO

●KK-BE63EE　　　　　　　　（107）

機関4M51、軸距3490mmのローザ。折戸・銀枠窓で、後面にリフトを装備している。

●KK-BE66DG　　　　　　　　（108）

機関4M50、軸距3995mmのローザ。スイングドア・黒枠窓で、マツダレンタリースから移籍した。

●PDG-BE64DG　　　　　　　　（109）

機関4M50、軸距3995mmのローザ。ボンネットスタイル・折戸・黒枠窓

で、後面にリフトを装備している。

●TPG-BE640G　　　　　　（110）

　機関4P10、軸距3995mmのローザ。折戸・銀枠窓である。

●KK-ME17DF　　　　　　（111）

　機関4M50、軸距3560mmのエアロミディMEノンステップバスである。

●PA-ME17DF　　　　　　（112）

　機関4M50、軸距3560mmのエアロミディMEノンステップバスである。

●KK-MJ23HE　　　　　　（113）

　機関6M61、軸距3490mmのエアロミディMJワンステップバスである。

●KK-MJ26HF　　　　　（114〜116）

　31001・31101・150・31200は機関6M61、軸距3710mmのエアロミディMJ。31001・31101は引き違い窓、150は逆T字型窓、31200は固定窓で、24人乗りの貸切車である。23150・23151・5329・5330・5367は機関6M61、軸距5260mmのエアロミディMJノンステップバスで、23150・23151は神戸交通振興、他は姫路市から継承した。

●KK-MJ27HF　　　　　　（117）

　機関6M61・軸距3560mmのエアロミディMJノンステップバスである。

●KK-MJ27HL　　　　　（118・119）

　機関6M61・軸距5260mmのエアロミディMJノンステップバス。20299・23472・23473は銀枠窓である。23474〜23476・23478・23480〜23483は黒枠窓で、23482・23483は京都市から移籍し、他は姫路市から継承した。

●KK-MK23HH　　　　　　（120）

　機関6M61、軸距4375mmのエアロミディMKワンステップバスである。

●KK-MK25HJ　　　　　　（121）

　機関6M61、軸距4390mmのエアロミディMKワンステップバスで、京阪バスから移籍した。

●PA-MJ26RF　　　　　　（122）

　機関4M50、軸距3710mmのエアロミディMJ。逆T字型窓で、21人乗りの貸切車である。

●PA-MK25FJ　　　　　　（123）

　機関6M60、軸距4390mmのエアロミディMKツーステップバスである。

●PA-MK27FH　　　　　（124・125）

　機関6M60、軸距4260mmのエアロミディMKノンステップバス。23570〜23573・23670〜23673・23675・23676・23678・23679・4664・2368・2451は銀枠窓である。23574は黒枠窓で、阪急バスから移籍した。

●PDG-AR820GAN　　　（126・127）

　機関6M60、軸距4300mmのエアロミディS。23870〜23872・23876・24070はノンステップバス、23873〜23875・23877〜23881はワンステップバスである。

●TKG-MK27FH　　　　　（128）

　機関6M60、軸距4340mmのエアロミディMKノンステップバスである。

●KC-MP317M　　　　　　（129）

　機関6D24、軸距5300mmのエアロスターツーステップバスである。

●KC-MP717M　　　　　　（130）

　機関6D24、軸距5300mmのエアロスターツーステップバスである。

●KL-MP35JP　　　　　　（131）

　機関6M70、軸距6000mmのエアロスターツーステップバスで、関西国際大学から継承した。

●KL-MP37JM　　　　　　（132）

　機関6M70、軸距5300mmのエアロスターノンステップバス。冷房装置は00〜04年式が三菱製、05年式がデンソー製である。

●PJ-MP37JM　　　　　　（133）

　機関6M70、軸距5300mmのエアロス

ターノンステップバスである。

●PKG-AA274MAN　　（134・135）

　機関MD92、軸距5300mmのエアロスターSノンステップバス。5570は鹿児島市から移籍した。

●PKG-MP35UM　　（136・137）

　機関MD92、軸距5300mmのエアロスター。2629・2631・5477・5486〜5488・2965・5581・5583〜5588・5590・5593〜5597・3152・5555・5558・5561〜5564・5677〜5681・5685・5686はワンステップバス、5577〜5579・5670〜5676はノンステップバスである。

●LKG-MP35FM　　　　　　（138）

　機6M60、軸距5300mm、ＡＴ仕様のエアロスターワンステップバスである。

●LKG-MP37FM　　　　　　（139）

　機関6M60、軸距5300mm、ＡＴ仕様のエアロスターノンステップバスである。

●QKG-MP35FM　　（140・141）

　機関6M60、軸距5300mm、ＡＴ仕様のエアロスターワンステップバス。14・15年式は銀枠窓で、15年式は新型マスクとなっている。16・17年式は黒枠窓で、新型マスクとなっている。

●QDG-MP35FP　　　　　　（142）

　機関6M60、軸距6000mm、ＡＴ仕様のエアロスターツーステップバスである。

●QKG-MP35FP　　　　　　（143）

　機関6M60、軸距6000mm、ＡＴ仕様のエアロスターツーステップバスで、16・17年式は新型マスクとなっている。

●QKG-MP37FM　　　　　　（144）

　機関6M60、軸距5300mm、ＡＴ仕様のエアロスターノンステップバスである。

●QKG-MP38FM　　　　　　（145）

　機関6M60、軸距5550mm、ＡＴ仕様のエアロスターノンステップバス。15年式は銀枠窓、16年式は黒枠窓である。

●2PG-MP35FM　　　　　　（146）

　機関6M60、軸距5300mm、ＡＴ仕様のエアロスターワンステップバスである。

●2PG-MP38FM　　　　　　（1）

　機関6M60、軸距5550mm、ＡＴ仕様のエアロスターノンステップバスである。

●KK-MM86FH　　　　　　（147）

　機関6M60、軸距4200mmのエアロバスMM。固定窓で、27人乗りの貸切車である。

●KL-MS86MP　　（148・149）

　機関8M21、軸距6150mmのエアロバス。Ｔ字型窓で、5100・4786は54人乗りの貸切車、他は後部トイレつき46・47人乗りの特高車である。

●PA-MM86FH　　　　　　（150）

　機関6M60、軸距4200mmのエアロバスMM。逆Ｔ字型窓で、27人乗りの貸切車である。

●PJ-MS86JP　　（151〜153）

　機関6M70、軸距6000mm。5240はエアロクィーンⅠ。Ｔ字型窓で、後部トイレつき48人乗りの特高車。小田急シティバスから移籍した。これ以外はエアロバス。Ｔ字型窓で、5200・5202〜5204・5007は53人乗りの貸切車・特定車、5230〜5233・5332〜5335は後部トイレつき49・54人乗り、他は55・59・60人乗りの特高車である。

●PDG-MM96FH　　　　　　（154）

　機関6M60、軸距4200mmのエアロエースMM。Ｔ字型窓で、27・28人乗りの貸切車である。

●BKG-MS96JP　　（155〜157）

　機関6M70、軸距6000mm。5430はエ

アロクィーン。固定窓で、中央トイレつき28人乗りの特高車である。これ以外はエアロエース。5600は直結冷房・T字型窓で、リフトつき47人乗りの貸切車である。その他はサブエンジン冷房・T字型窓で、5306・5406・5407・5409・5500〜5505・5602・5603は53・58人乗り、5506・5605・5606は36人乗りの貸切車・特定車、5439〜5441・5530・5630は後部トイレつき49人乗り、他は53・58・59人乗りの特高車である。

●LKG-MS96VP　　　(158・159)

機関6R10、軸距6095mmのエアロバス。5802・5803・5805は床下直結冷房・T字型窓で、53人乗りの貸切車である。5830〜5833は屋根上直結冷房・T字型窓で、中央トイレつき28人乗りの特高車である。他はサブエンジン冷房・T字型窓で、56人乗りの特高車である。

●TDG-MM97FH　　　　　(160)

機関6M60、軸距4200mmのエアロエースMM。T字型窓で、27・24人乗りの貸切車である。

●QRG-MS96VP　　(6・161・162)

機関6R10、軸距6095mm。6130はエアロクィーン。固定窓で、中央トイレつき29人乗りの特高車である。これ以外はエアロエース。5930・6030・6031は屋根上直結冷房・T字型窓で、中央トイレつき28人乗りの特高車である。その他は床下直結冷房・T字型窓で、5901〜5904・6001〜6005・6101〜6106は53・52人乗り、6100は後部トイレつき32人乗りの貸切車、5931・5932・6032〜6034・6131〜6133は後部トイレつき40・49人乗り、他は57・59人乗りの特高車である。

●QTG-MS96VP　　(9・163〜166)

機関6R10、軸距6095mm。6226・6227・6321・6322はエアロクィーン。固定窓で、6226・6227はパウダールームつき18人乗り、6321・6322はパウダールームつき32人乗りの貸切車である。これ以外はエアロエース。6228・6229・6328は屋根上直結冷房・固定窓で、44人乗りの特高車である。6201〜6206・6221・6222・6301〜6304・6331は屋根上直結冷房・T字型窓で、6331は中央トイレつき28人乗りの特高車、6221・6222は後部トイレつき47人乗り、他は52・53人乗りの貸切車である。その他は床下直結冷房・T字型窓で、6320・6332は後部トイレつき49人乗り、他は59人乗りの特高車である。

●2TG-MS06GP　　(10・167〜170)

機関6S10、軸距6000mm、AMT仕様。6421・6426はエアロクィーン。固定窓で、6421はパウダールームつき32人乗り、6426はパウダールームつき18人乗りの貸切車である。これ以外はエアロエース。6621は固定窓で、パウダールームつき36人乗りの貸切車である。その他はT字型窓で、6401・6402・6501は52人乗りの貸切車、6420・6433・6437・6530〜6532は後部トイレつき40・49・53・54人乗り、他は60人乗りの特高車である。なお、18年式の6501と19〜22年式の全車は新型マスクとなっている。

MERCEDES BENZ ▬▬▬

●CITARO-G　　　　(5・171)

機関OM470、軸距5900＋5990mm、AT仕様のベンツ・シターロG連節バス。18年式から新型マスクとなっている。

●N117/2　　　　　　(172)

機関OM442、軸距5950mm、AT仕様のネオプラン・スペースライナー。日の丸自動車興業から借り受けた。

神姫バスのあゆみ

text■鈴木文彦　　photo■神姫バス・鈴木文彦・編集部

　神姫バスは兵庫県を本拠に事業を展開し、バス専業としては大手に属する事業者である。グループ全体で、乗合バスは兵庫県の南約3分の2の地域に路線を拡げ、貸切バスは兵庫県と大阪府全域に及ぶ事業区域を擁している。本社を姫路市に置き、姫路、加古川、明石、西神、神戸、三木、三田、社、津山の9営業所と姫路東、北条、山崎、加古川南、大久保の5出張所に乗合バス679台（うち高速・特急・急行・快速バス178台）、貸切バス5台を保有し、乗合バス営業キロ（認可キロ）6,331.2km、バス従業員1,906人の規模を持つ。高速バスは姫路・神戸から渋谷・新宿への夜行路線と、津山・北条・社・西脇から大阪、三宮から北淡、五色、洲本・福良、徳島、高松、高知、松山、松江・出雲、岡山・倉敷、広島、学園都市から洲本、姫路から鳥取、有馬温泉の昼行路線、姫路から大阪空港、関西空港へのリムジンバスを運行する。また三田、三木・恵比須、北条、西脇から三宮への県内特急・急行・快速路線も持つ。分社会社は3社あり、ウイング神姫は粟賀、篠山、西脇、山崎、相生、赤穂の6営業所に乗合158台、貸切21台、特定16台を持つほか、神姫バス北条・山崎出張所の路線の一部を受託している（北条は受託のみ）。山崎と三宮を結ぶ県内高速バスも運行する。神姫ゾーンバスは西神、窟屋の2営業所に乗合38台、貸切4台、特定11台を持つほか、神姫バス三木営業所の一部路線を受託している。神姫観光は姫路、龍野、小野、西神、大阪の5営業所に乗合19台（うち高速バス17台）、貸切85台、特定4台を保有、大阪・京都から東京・TDRへの高速バス（LIMON BUS）も運行する。

戦前

■神姫自動車の創立から事業拡大へ

　兵庫県の乗合自動車は、1917（大正6）年に山崎〜新宮間の龍山自動車などが営業開始したのを皮切りに、その後10年間に山陽自動車、播美自動車など20社以

神姫自動車創業当時の1925年式のT型フォード

上郡駅前で乗客を待つ播美自動車の乗合バス

上が創業し、昭和に入るころには小資本の事業者が乱立する状況となった。こうしたなか、神戸の兵神タクシーの創立者であった木下栄氏は、神戸姫路電気鉄道（山陽電気鉄道の前身）の親会社となった宇治川電気の資本を仰ぎ、神戸から播磨全域にバス網を広げる構想を実現するため、1927（昭和2）年に加古川～尾上間の杉本自動車の路線を譲り受け、神戸を本社に神姫自動車を創立した。

　神姫自動車は、創立直後の1927年に社自動車運輸を合併して本社を加古川に移転したのに続き、1928（昭和3）年には高砂運輸、播磨運輸（三木）を合併、積極的に周辺のバス事業の統合に動いた。続く1929（昭和4）年には北条自動車を前身とし、姫路に拠点を置くフタバ自動車を合併、本社を姫路に移転した。さらに同年に龍山自動車、神崎自動車、大正自動車（網干）、大塚泰三（姫路）を買収、1930（昭和5）年には井上自動車と播美自動車（上郡）のうち競合する姫路～佐用間の営業権を買収し、西播地区に大きな勢力を持った。

　一方、東播地区では1931（昭和6）年に競合に疲弊した明美自動車（明石）を買収し、本社は姫路から明石に移転、姫路支社と加古川、三木、小野、社、淡河、高砂、北条、山崎、佐用、粟賀の10営業所を置いた。そして1936（昭和11）年までに富国自動車（吉川）、宝殿自動車など12社を買収した。

■戦時体制のなかで

　燃料消費規制のなか、神姫自動車は1937（昭和12）年に明石～押部谷間で木炭自動車を導入したのを手始めに、順次代燃車に切り替え、1941（昭和16）年までに全車代燃車となった。1938（昭和13）年の三木電鉄（現・神戸電鉄粟生線）開通で競合が激しくなったため、神姫自動車は経営基盤を強化すべく、陸上交通事業調整法の精神に則り、群小事業者の事業統合を進めた。1937年から1939（昭和14）年にかけて姫路自動車商会、播美自動車など10社を統合した。

　1942（昭和17）年の通牒にもとづく国策統合の際、兵庫県の播丹地方と山陽地方は神姫自動車が統合主体に指定された。これに沿って合併交渉が進められ、一大勢力を持つ山陽自動車（姫路）との交渉は難航したものの、結果的に1943（昭和18）年5月に山陽自動車、播電自動車、相生合同自動車との合併が成立した。これにより全播磨の統合が完成したため、その意義を強調すべく、神姫自動車は社名を神姫合同自動車と改め、本社を再び姫路に移転した。

姫路本社前に停車するアンヒビアン改造バス

三木営業所に配置された日野トレーラーバス

　さらに1943年には縁辺部の赤三自動車（赤穂）、柏原自動車、摂丹自動車（小野）、播丹鉄道自動車部（三田）、篠山自動車、清水自動車部とタクシー数社を買収または合併して大合併を完了した。この時点で車両数571台となっていた。

戦後

■再建から拡充へ

　三宮の空襲で神戸支社が被災、明石支社、姫路本社も空襲により焼失した状態で終戦を迎えたが、直後の混乱のなかで神姫合同自動車では、①車両の整備と路線の復旧、②新たな路線の開拓、③神戸市内への進出と西播地区の未統合地域の獲得・経営基盤の確立、という復興基本計画を樹立した。資材・燃料と人手不足のなかではあったが、1951（昭和26）年までに戦前の状況に復興を果たした。このなかで1947（昭和22）年には、日ノ丸自動車が持っていた播美地区の営業権（上郡〜大原、大原〜林野〜津山、佐用〜津山）を譲受した。

　燃料事情が好転し始めた1948（昭和23）年以降、基幹路線や長距離路線の新設が進められ、同年、神戸市との調整ののち、西脇、姫路からの直通急行バスを運行開始して神戸に乗り入れた。翌1949（昭和24）年には上郡〜鳥取間（日ノ丸自動車と相互）、山崎、北条から神戸への直通急行バスを、1950（昭和25）年には西脇〜福知山間（中丹交通と相互）、姫路〜鳥取間（日ノ丸自動車と相互）、上郡〜津山間、粟賀〜神戸間直通急行バスを新設した。また1951年には鳥取〜津山〜岡山間特急バス（日ノ丸自動車・中国鉄道と相互）、姫路〜赤穂〜日生間直通バスを運行した。こうして1951年11月末には車両数476台の規模になっていた。

　この間、1946（昭和21）年12月には姫路市営バス、1951年2月には明石市営バスが開業した。いずれも神姫合同自動車の走らない地区が中心ではあったが、都心部などでは競合が生じ、のちの路線拡大のなかで競合は広がっていった。

　終戦後しばらくは再生車や修繕した代燃車、改造電気バス、1948年以降は米軍払い下げのアンヒビアン改造車などで運行を確保したが、1949年には大型ディーゼルバスとトレーラーバスの導入が始められ、以降はディーゼルバスへ切り替えられた。そして1950年から、ボディカラーを黄色と朱色に変更した。

1954年には26台を保有するに至った貸切バス　　1955年に採用されたボンネットのワンマンカー

■輸送力の増強と貸切事業の発展

　貸切バス事業は戦争により廃止されていたが、社会の安定とともに1949年、ガソリン車3台を購入して復活した。1950年以降、ディーゼルの新車を追加して事業を拡大、1954（昭和29）年には26台を保有するようになった。同年、大阪の公益社の貸切バス事業を買収して神姫交通と改称し、大阪進出の足がかりとした。

　1952（昭和27）年には国鉄赤穂線開通によって解散した赤穂鉄道の自動車部門である赤穂交通を買収、これにより全播磨・摂丹地区の掌握を達成した。同年以降、経営基盤の強化のため路線やダイヤの見直しが行われ、1956（昭和31）年までの間に津山〜岡山間など67路線約424kmを新設する一方、西脇〜園部間など23路線約103kmを休廃止した。女子車掌の深夜労働禁止による深夜時間帯の車掌確保の困難から、早くも1955（昭和30）年11月に野里・自衛隊・車崎の3路線で初のワンマンカーが採用された。

　1956年5月、神姫ビルの完成とタクシー事業の分離に合わせ、神姫合同自動車は神姫自動車に商号を復元した。

■事業の拡充と競合

　1959（昭和34）年には輸送力増強5ヵ年計画を追加し、合理化と収支均衡をめざす拡大再生産に取り組んだ。効率化策として進められた担当者制からフリー制への移行では、車両の標準化が必要なことから、同年以降、車種を営業所単位で三菱または日野に統一することとした。

　高度経済成長による播磨臨海工業地帯の発展で、産業と人口が集中する明石から赤穂にかけての臨海部で乗合バスの拡充は続き、1961（昭和36）年には神戸市・阪急バスとの協定による三宮〜有馬間直通バスを新設した。西脇〜三宮間、姫路〜山崎間などには90人前後の定員の長尺車両が投入された。1968（昭和43）年には姫路〜湯郷間、佐治〜三宮間の特急バスが運行を開始した。

　貸切バス事業はさらに躍進し、車両数は1961年に100台を突破、エアサスやリクライニングシートの採用、タコグラフの導入などが進められた。受注部門を専門化するため、1959年に神姫観光が設立された。1965（昭和40）年には神姫交通を統合し、神姫自動車大阪営業所として再出発した。

　1960（昭和35）年に戸倉トンネル開通による国道29号の改修に伴い、日ノ丸自

1961年導入のセンターエンジンのワンマンバス

1966年に運行開始した姫路〜鳥取間の特急バス

動車と澤タクシー（現・日本交通）による鳥取〜大阪間が申請されたが、この事案については、3者協定が結ばれ、クローズドドアのうえ神姫は姫路〜鳥取間、日ノ丸は鳥取〜大阪間、澤タクは米子〜大阪間を分担することとして、1966（昭和41）年からそれぞれ特急バスの運行を開始した。一方、道路事情の変化による定時性の悪化などにより、長距離路線は利用者の減少が見られ、1956年には鳥取〜岡山間、1960年には曲里・姫路〜三宮間が休止となった。

　山陽電鉄バスとの間では運輸協定による相互乗り入れを開始したが、鉄道路線が競合する神戸電鉄が1960年に明石〜西脇間、明石〜小野間などにバス路線を申請、これを発端に〝神姫vs神鉄〟の紛争が勃発した。数度の調停を経て、ようやく相互のエリアを尊重することで円満解決したのは1965年であった。

　都市圏の拡大や道路事情の悪化から、かさむ赤字をカバーすべく、バス事業の拡充を図る公営バスとの利害の対立も顕在化した。姫路・明石両市営バスとの葛藤を経て、1966年には明石市との間で神姫は国道2号、市営は国道250号を主力とすることで合意、1972（昭和47）年には姫路市との間で路線交換を行い、国道2号を境に原則として神姫が北側、市営が南側とエリア分けを行った。

　1966年以降、整理券方式の多区間ワンマン化が急速に進められた。ワンマン車両は前後（引）扉を採用、ほぼ同時にボディ広告を採用して増収が図られた。ワンマン化推進の過程で車両後方確認テレビが開発され、業界の話題となった。1965年の新車から現行の乗合カラーとなっている。

　この時期、乗合・貸切双方にとって初の大規模輸送となったのが、1970（昭和45）の大阪万博であった。乗合では西脇、三田、柏原から会場行きの定期バスを運行、貸切は1日29台の日帰りコースを設定した。

■地域の発展に伴う新たな事業展開

　会社創立45周年にあたる1972年5月、商号を一般的な呼称であった神姫バスに変更した。このころ、加古川南部を中心とする東播磨臨海工業地帯の発展に合わせた通勤輸送の必要性から、企業によるチャーター方式を採用、当初は貸切で受託したが、1984（昭和59）年に神戸製鋼輸送を主体に特定事業の許可を受けた。また播磨地域にもベッドタウン化の波が押し寄せたが、入居完了までの間、開発業者が欠損補助を行う仕組みが打ち出され、1973（昭和48）年の東急加古川ニュ

1970年代に採用された後扉低ステップの冷房車　　1993年導入のワンステップバス「ふれあい号」

ータウンを皮切りに団地バスとして運行を開始した。

　車両面では1977（昭和52）年以降の乗合新車からすべて冷房車とし、1990（平成2）年に冷房化を完了した。1979（昭和54）年には後扉の戸袋下部の改良によって低ステップ化を実現した。また1993（平成5）年には関西初のワンステップバスを「ふれあい号」の愛称で採用している。

　モータリゼーションにより1970年代以降、都市部や国道では交通渋滞が激化した。1980（昭和55）年以降、姫路市内などでバスレーンは設置されたものの、定時性の喪失から非効率な運行を強いられ、地方部では利用者の減少が始まった。1980年代に入るころには赤字路線が増えており、国庫補助対象系統が80を超えていた。このため通勤定期券の持参人化などを実施、地方部では1983（昭和58）年に西脇管内でフリー乗降制を採用して利用促進を図るとともに、1980年代前半にかけて姫路北（旧・野里）、加古川など6営業所を移転・新築、1985（昭和60）年までに赤穂、上郡、篠山、網干、小野、社の各営業所が出張所となった。1984年には国鉄高砂線の廃止に伴う代替輸送を引き受けた。

　1980年代の神戸市西郊のベッドタウン化は著しく、神戸市営地下鉄の西神中央延長によってさらに拡大していった。神姫バスは1980年代半ばに西神ニュータウンに路線を延伸、1984年には西神出張所を新設し、1987（昭和62）年に西神中央駅に乗り入れた。この乗り入れついては神戸市との協議ののち、1993年にクローズドドアが解消された。また播磨科学公園都市など、新たな都市開発に伴う路線新設も相次いだ。三田地区では1986（昭和61）年のウッディタウンの入居開始とともに北摂ニュータウンに乗り入れを開始、また誘致運動により1987年に開学した姫路獨協大学の輸送も一手に引き受けることとなった。1991（平成3）年に深夜バスの運行が開始され、1990年代に吉川美奈木台方面などに新路線が拡充されるなか、三田営業所は1994（平成4）年にゆりのき台の現在地に新設された。

　神戸電鉄粟生線沿線の丘陵地に展開された大規模なベッドタウンの路線バス運行要請に対しては、より地域事情に合わせた経営形態とすべく、1980年に100％出資の神姫ゾーンバスを設立、翌年から5路線の団地輸送専門の会社として営業をスタートした。

　貸切バスでは1982（昭和57）年にスーパーサロンバスを導入、白の面積が広いカラーに変更され、現在の昼行高速バスカラーにつながっている。1985年には受

1975年に運行開始した「中国ハイウェイバス」

1990年開業の夜行バス「プリンセスロード」

注オンラインシステムを導入、1987年には簡易無線を採用した。

■高速バス時代への対応とCI戦略

　神姫バスの高速バスへの取り組みは早く、1975（昭和50）年10月の中国自動車道吹田〜落合間開通に合わせて乗り入れ準備を進め、大阪・湯郷両営業所の整備拡充を行った。そして国鉄バスと協定を結び、同年11月から大阪駅〜津山駅間の「中国ハイウェイバス」を運行開始した。同時に神姫バス単独で佐治・柏原、粟賀、西脇から新大阪への高速バスも開業した。1992（平成4）年には北条〜大阪駅間も追加されている。

　1988（昭和63）年には舞鶴自動車道の開通を受けて、大阪駅〜福知山間高速バス（西日本JRバスと共同）が運行を開始した。続いて1989（平成元）年3月に初の夜行高速バスである姫路・三宮〜渋谷間「プリンセスロード」（東京急行電鉄と共同）が開設された。夜行高速バスは1990年3月に三宮・姫路〜福岡間（西日本鉄道と共同）、同年11月に三宮・姫路〜長崎間（長崎自動車と共同）を「プリンセスロード」の名で拡大した。1994年には山陽道の一部開通により、三宮〜岡山間（中鉄バスと共同）昼行高速バスを新設した。

　21世紀への基盤づくりのため、“ニュー”神姫バスをめざして1988年からCI戦略が始まった。そして1989年7月に「地域共栄」「未来創成」という企業理念と、鳩をモチーフにブルーとホワイトでデザインされたシンボルマークが発表された。合わせて1990年に購入した貸切バスのボディカラーを、意匠・内装を含めて永井一正氏によるデザインに変更、1994年には全貸切バス車両がこれに統一された。観光バスのDC化は業界初であった。1991年9月、姫路駅西地区再開発に伴う神姫バス・山陽電鉄合同ビルとバスターミナルが完成した。

近年

■阪神・淡路大震災を経て

　1995（平成7）年1月17日、阪神・淡路大震災が発生し、兵庫県下に未曽有の被害をもたらした。神姫バスも神戸営業所などが大きな被害を受けたが、幸い加

貸切車も使用されたJR神戸線などの代行バス

湯郷から津山に移管された岡山県内の路線バス

古川・姫路地区や三田以西の中国道沿線の被害は少なかった。

このため高速バスを共同運行する西日本JRバスからの要請を受けて、JR神戸線の不通区間の代替に毎日30台前後の乗合バス・貸切バス車両を提供し、代替輸送を行った。また新幹線代替輸送として1月26日から新大阪〜姫路間の臨時高速バスを運行したが、中国道の渋滞で定時運行ができなかったため、翌27日からは復旧したJR宝塚線に接続して三田〜姫路間で臨時バスを運行し、迂回ルートを確保した。三宮に乗り入れる定期路線も当初、西神中央駅、谷上駅、神戸駅などに終点を変更して再開したのち、3月10日までにすべて復旧した。高速バスも1月23日に東京線を姫路〜渋谷間直行で再開したのを最初に、3月21日までに通常運行に戻っている。

■路線バスと貸切バスの新時代対応と分社化

北部・西部での人口減少、マイカーの増加による利用者減少は著しく、1990年にJR鍛冶屋線の廃止代替バスである鍛冶屋〜西脇市間など7路線の新路線開設もあったが、路線・運行形態の見直しが必要となった。そこでコスト削減と地域密着経営のため、1996（平成8）年に100％出資のウエスト神姫を設立、1997（平成9）年から赤穂・上郡・佐用方面1市4町の路線を移管して営業を開始した。翌1998（平成10）年には粟賀営業所を分離して神姫グリーンバスを営業開始した。これらをベースに1999（平成11）年から管理委託を進め、2003（平成15）年までにおおむね中国自動車道以北の路線を神姫グリーンバスに、相生・大浦・山崎・龍野地区をウエスト神姫に、三木地区を神姫ゾーンバスに委託した。

こうしたなか、2002（平成14）年には篠山地区の西日本JRバス撤退のあとを受け、2008（平成20）年には三木鉄道廃止によって、それぞれ代替運行を始めた。2000（平成12）年に湯郷営業所が廃止され、津山営業所が新設されている。

サービス面では2000年代に環境定期券や通勤6ヵ月フリー定期券などを新設、2006（平成18）年には神姫バスの三田・篠山地区にICカード「NicoPa」を導入（PiTaPa・ICOCA片乗り入れ）、翌年には全エリアと高速バスなどに拡大している。2017（平成29）年にはSuicaなどの全国共通10カードにも拡大している。

貸切バスは1989年に観光センター・プレイガイドを開設、予約・集中配車・経理などのトータルシステム「BOSS」を導入するなど、効率化と増収に努めた。

1999年に開業した三宮～高松方面の高速バス

2005年開業の姫路～関西空港間リムジンバス

しかし規制緩和の波のなかで業績の悪化が進んだため、1997年に神姫観光バスを設立し、翌1998年から1999年にかけて一般貸切バスを移管、2003年には旅行業部門の神姫観光を統合した。2012（平成24）年に神姫観光バスと旅行事業の神姫バスツアーズの株式を中間持株会社の神姫観光ホールディングスに譲渡、2020（令和２）年に再び合併し、神姫観光に一本化している。2016（平成28）年には水戸岡鋭治氏デザインのハイグレードバス「ゆいプリマ」が誕生、翌年には創立90周年事業として乗務員の制服も水戸岡鋭治氏デザインに変更した。

■高速バス・特急バスの新たな展開

　高速バスは明石海峡大橋の開通で新たな時代を迎えた。1998年４月、明石海峡大橋経由の三宮～洲本間、三宮～徳島間高速バスと高速舞子～岩屋間海峡シャトルバスを運行開始、当初から高い利用率を記録した。このため1999年に三宮～福良間、三宮～高松・坂出間、2002年に三宮～北淡間、三宮～高知間、三宮～阿波池田間、三宮～松山間を追加し、神戸鳴門淡路ルートを強化した。このうち高松系統は、2002年にJRグループと共同運行化して新神戸駅まで延長、2021（令和３）年に北淡路西海岸ライン（本四海峡バスと共同）を追加し、2023（令和５）年には三宮・学園都市～洲本・福良系統についてJRグループと共同運行化した。

　このほか、2001（平成13）年に三宮～USJ間、三宮～広島間、2003年に姫路～岡山間、2004（平成16）年に津山～京都間、2010（平成22）年に姫路～鳥取間、2016年に姫路～城崎温泉間、2018（平成30）年に姫路～神戸三田プレミアムアウトレット・有馬温泉間、三田～新大阪間を運行開始した。また2019（平成31）年には中国JRバスの単独運行だった三宮～松江・出雲間で共同運行を開始した。特急バスは西脇・三田～三宮間など高速道路の拡大や大学の設立に合わせて運行している。2001年には三木市・神戸市西区と三宮を直結する恵比須駅～三宮間快速バス、2014（平成26）年には神戸学院大学シャトルバスを活用する形で高丘～三宮間の運行を開始した。空港リムジンバスも姫路を起点として、2000年に大阪空港、2005（平成17）年に関西空港、2006年に神戸空港と展開している。

　これらと既存高速バスのうち、利用の伸びがなかった大阪～福知山間、海峡シャトル、姫路～岡山間、神戸空港リムジンは2009（平成21）年までに廃止、大阪～関西記念墓園間は神姫観光バスに移管（2018年に神姫バスに再び移管）となっ

2001年に受託した高砂市の「じょうとんバス」　ウエスト神姫が受託した龍野市「赤とんぼ号」

た。夜行高速バスは1999年に三宮・姫路～福岡間を休止、東京線は共同運行の東急バス撤退により単独運行していたが、2003年に姫路・三宮～新宿間を京王バスとの共同運行で新設したのち、2007（平成19）年に渋谷線と統合、姫路・三宮～渋谷・新宿間となった。また三宮・姫路～長崎間が2011（平成23）年に休止となったほか、2018年に姫路～城崎温泉間、2020年に津山～京都間が休止となった。

　一方、高速乗合バスの新制度移行後、2013（平成25）年には神姫観光が運行する大阪（USJ・なんば・大阪駅・新大阪・京都）～東京（東京駅・秋葉原）・TDR間夜行高速バスが、「LIMON BUS」の名でデビューしている。また、2021年にはコロナ禍に対応した姫路～三宮・神戸空港間快適特急「らっきゃライナー」を社会実験として運行した。

■コミュニティバスの受託と事業再編

　1996年7月、市川町の東西を結ぶシャトルバスの運行を受託したのを皮切りに、市町村からの受託または依頼契約によるコミュニティバスの運行に取り組んだ。同年10月には西脇市、1997年には加西市、1999年には福崎町、2001年には高砂市と吉川町、2002年には香寺町、2003年には加古川市、中町、揖保川町、2004年には小野市、龍野市、御津町、2005年には丹波篠山市と赤穂市（ウエスト神姫）、2006年には新宮町、2007年には朝来市（神姫グリーンバス）、三木市、明石市（「Tacoバス」）を運行開始した。

　ローカルの路線は段階的に分社会社への移管が行われた。2009年に篠山管内を神姫グリーンバスに移管したのを皮切りに、2010年には相生管内の路線、2011年には山崎管内の宍粟市・たつの市周辺の路線をウエスト神姫に譲渡、2012年には西脇・多可地区の路線を神姫グリーンバスに譲渡した。これらによって、受託した当該地域のコミュニティバスの運行事業者も子会社に変更となっている。また補助金制度の変更などにより、岡山県内の津山・大原地区一般路線から2009年10月をもって全面撤退し、湯郷営業所を閉鎖して津山営業所に移転した。

　2020年には神姫観光ホールディングスと神姫バスツアーズ、神姫観光バスが合併し、神姫観光となったことにより、一般貸切バスは神姫観光が営業することとなった。また2022（令和4）年に神姫グリーンバスがウエスト神姫を吸収合併する形で、ローカル路線を担当する分社会社を事業統合し、社名をウイング神姫と

神戸市交通局から継承した神戸市内の定観バス

明石市カラーのまま活躍する同市交通部の車両

改めた。

■公営バスの管理受託と移譲

　各地で公営バスの状況が悪化し、民営化論議が進むとともに、エリア内に３市の公営バスが運営されていた神姫バスは、管理の受委託や路線譲渡、事業移譲の受け皿となった。

　まず神戸市交通局のバス路線再編に伴い、2000年に神戸市内定期観光バスの移管を受けたのを手始めに、2005年に大久保〜西神線を譲受、2006年には市バス落合・西神営業所の管理を受託した。2008年に神戸交通振興のポートアイランド線を譲受、2013年には市バス有野営業所の一部路線を譲受した。このうち定期観光バスについては、2017年に創業90周年と神戸開港150周年を記念し、日の丸自動車興業より借り受けたオープントップバスによる「スカイバス神戸」にリニューアルし、2020年まで運行した（2022年に期間限定で復活）。

　姫路市とは協力体制のもと、1998年からボンネットバスによる「姫路城ループバス」を運行、2006〜2011年の間は姫路市内定期観光バスを運行していたが、姫路市交通局の段階的民間移譲が決まるとその受け皿となった。2005年に青山線・大日線（だいにち）を譲受、2007年には書写線（しょしゃ）・余部地区路線（よべ）、2008年には才崎橋・青山新日鐵線、2009年には姫路駅南口、網干駅、飾磨駅に発着する南部路線を譲受した。そして2010年３月、姫路市バス路線は完全に神姫バスに移管され、姫路東出張所が新設された。なお、同出張所は2022年に阿保地区（あぼ）に新築移転されている。

　明石市交通部も段階的民営化が決まり、2006年に高丘地区の路線移管を受け、同部高丘車庫を譲受して大久保出張所を新設、2009年には藤江・貴崎線（きさき）と岬町線を譲受した。そして2012年３月16日をもって明石市営バスは事業廃止となり、残る路線は神姫バスと山陽バスが継承した（2021年に山陽バス明石線は休止）。

　神戸市交通局との連携はその後も進み、2018年４月にはそれまで市バス単独だった西神・須磨地区の一部路線で共同運行を開始した。また同年８月には市バス中央営業所の一部の管理委託開始に伴い、ポートアイランド内に中央南営業所を開設、このとき神姫バス路線として新神戸駅〜神戸空港間アクセスバスを新設している。2021年４月には市バス定期券で神姫バス路線に乗れる共通制度を導入するなど、新たな連携が始まった。2022年４月には神戸交通振興のバス事業すべて

西日本初の連節バス「オレンジアローSANDA」

国産連節バスを導入した神戸の「Port Loop」

（観光周遊バス「シティーループ」、山手線）を継承した。なお、2005年にポートアイランド北側に移転した神戸営業所は、2021年に南側へ拡大移転している。

■次の時代に向けた事業展開

2013年4月、ベッドタウン化や企業・学園等の移転などにより発展する三田地区の輸送力増強のため、西日本初の連節バス（ベンツ・シターロ）を導入、「オレンジアローSANDA」として運行開始した。2016年には神戸三田プレミアムアウトレットに乗り入れ、2018年には増車を行っている。

2021年4月には神戸市の都心とウォーターフロントエリアを周遊する連節バス「Port Loop」がデビューした。神戸市が計画して運行事業者を公募、企画提案のプレゼンテーションにより神姫バスが運行事業者に選定されたものである。国産ハイブリッド連節バス（日野）を2台導入、同年中に2台追加された。「Port Loop」は2021年度グッドデザイン賞を受賞、2022年に新神戸駅まで延長された。また2021年には姫路地区に燃料電池バス（FCV）も導入されている。

2018年に播磨科学公園都市「SPring-8」で自動運転バスの実証実験に参画したのを最初に、次世代モビリティへの取り組みを始め、2019年に同地区でマイクロバスの自動運転の実証実験を実施、2020年と2023年には三田市で公道での自動運転バスの実証実験を実施した。2021年には「西播磨MaaS実証プロジェクト」にも参画している。また2021年にJA・青果生産者と連携した貨客混載バスの実証実験を三田市で実施、2022年には国土交通大臣表彰を受けた。

本社のある姫路駅前は2015（平成27）年に大きく変わり、トランジットモールによってアクセスするターミナルスクエアと新たな姫路駅北バスターミナルが、新装なった姫路城とともに新たなまちを形成している。創業から95年を経て、バス専業大手としての地位を確立している神姫バス。バス事業の縮図ともいえるロケーションのなかで、これまでに培ってきたノウハウを生かし、兵庫県の公共交通の担い手としての今後を期待したい。

参考＝『神姫バス50年史』『神姫バス70年史』および神姫バス提供資料

すずき・ふみひこ◎1956年、甲府市生まれ。東北大学理学部地学科卒業、東京学芸大学大学院修士課程（地理学）修了。以後、交通ジャーナリストとして活躍し、バス・鉄道に関する著書・論文など多数。

神姫バスのいる風景

text&photo ■ 編集部

2015年に平成の大修理を終えた姫路城。純白の天守を背にして、各地からの神姫バスが姫路駅前に到着する

2005 ～ 2010年には姫路市営バスの全路線を譲受。小豆島へのフェリーが出る姫路港発着路線もそのひとつ

瀬戸内海の景勝地・赤穂御崎（あこうみさき）。漁港の家並みを抜け、ウイング神姫のバスが播州赤穂駅へ

わずかな平地に建物が密集する明石
の中心市街地。高台に造成された新
興住宅地への足を神姫バスが担う

2022年には神戸交通振興の路線を譲
受。兵庫県公館（旧県庁舎）前を走
る山手線とシティループを継承した

新神戸トンネル経由の特急・急行・
快速バスは人気路線。三木市自由が
丘の住宅地を三宮行きの快速が行く

神戸電鉄粟生（あお）線沿線の団地
輸送を行う神姫ゾーンバス。桜が丘
の市営住宅と栄・西神中央駅を結ぶ

古い街並みが残る宿場町の佐治（さじ）。丹波市オリジナルカラーのバスが、柏原（かいばら）駅へ向かう

明治時代に"銀の馬車道"として整備された生野街道。神河町粟賀地区に、往時をしのばせる街並みが残る

1990年に廃止されたJR鍛冶屋線。終着駅・鍛冶屋の駅舎とキハ30形気動車が鉄道資料館として残されている

兵庫の春の海景色・山景色

▲ 「藍本桜づつみ」の３分咲きのソメイヨシノ
を車窓から眺め武庫川を渡る神姫バス36系統
◀ （上）観光遊覧船で神戸ベイクルーズを楽しむ
（下）丹波篠山で河原町の妻入商家群を訪ねる

text ■ 谷口礼子　　photo ■ 編集部

　開港の地・神戸を擁する兵庫県は、海と山の魅力をぎゅっとひとところに併せ持つ地域である。起伏の激しい土地柄に適した路線バスを乗り継いで、表六甲から裏六甲へ。春を迎えつつある兵庫の海景色と山景色を一度に味わい尽くそう。歴史ある町の数々で、どこへ行っても出会うのは地元愛あふれる人たちだ。思わず頬がほころび、軽やかな気分が満ちてくる春旅だった。

たにぐち・れいこ◎1983年、横浜市生まれ。早稲田大学文学部卒業。俳優・ライターとして活動。映画『電車を止めるな！』に出演。

神戸

ポート ループ	新神戸駅前13：03 ポートタワー前13：31

最新式の国産連節バスで行く雨の港町

　晴れて暖かい日が続き、史上最速に並ぶ桜の開花宣言が全国で相次いでいるなか、取材当日当日は一転して雨模様だった。3月23日。六甲山地を走り抜けるトンネルとトンネルの間にある新神戸駅に降り立った。駅構内に「布引の滝」の矢印や看板を見かける。駅の裏山は水源で有名な六甲山地。徒歩15分のところに滝の名所がある新幹線駅も珍しい。待ち合わせ場所の1階バス乗り場に、買ったばかりのビニール傘を提げた加藤編集長がやってきた。

　ロータリーを回ってきたのは、蛇腹のつなぎ目を持つ連節バスである。黒にネイビーと白のスタイリッシュなデザインだ。全長18mの車体が堂々とバス停に停まった。「えっ、どこから乗ればいいの？」と一瞬戸惑う。よく見ると、入口は前のクルマと後ろのクルマに1つずつついていて、出口はさらに前の運転席横にある。「連節バスだから後ろのほうが楽しめますよ」の声に、後方の一段高くなっている席を選んだ。まだ2年目という国産の連節バスはピカピカで、新車の匂いである。

　ポートループはその名のとおり、港をめぐる循環線だ。ICカードも使えるが、今回は事前に加藤編集長が用意した1日乗車券（700円）を使う。日付部分を自分で削り取り、降車時に運転士さんに見せるタイプである。鉄道車両のように長い車内だが、運転士さんが乗客の着席を確認してから動くのは、バスらしい細やかな安全確認だ。

乗車路線・区間・時刻・車両

【1日目】

新神戸駅前13：03
　⇩ ポートループ／10101（神戸）
ポートタワー前13：31
かもめりあ15：48
　⇩ シティーループ／20207（神戸）
北野異人館16：20
北野異人館17：30
　⇩ シティーループ／20207（神戸）
元町商店街17：52

▲ 新神戸駅1階のバス乗り場から、連節バスのポートループに乗車して中心市街地へ

▼ 全長18mの車内は鉄道車両のように長い。車窓に開港の港らしい神戸税関を眺める

▲ ポートタワー前で下車。耐震補強工事中の「ポートタワー」は足場で覆われている

▼ 「神戸とみなとのあゆみ」をテーマにした「神戸海洋博物館」に入館。開港150年シアターや操船シミュレーターなどを楽しむ

　雨の新神戸を走り始めた車窓に春を探した。新生田川沿いの桜はまだ3分咲きといったところだが、ユキヤナギの白い花はもう満開で、房のようになって川にしだれているのが目に鮮やかだ。花壇の花も春を感じさせる色とりどりの寄せ植えで、雨粒をのせて瑞々しい。開港の地ならではの洋館群や、重厚な石づくりの神戸税関、勝海舟ゆかりの海軍操練所跡の石碑など、港町の風情に心はもう観光気分である。

　連節バスはカーブを通るときの独特な動きがおもしろい。くねくねとヘビのように曲がる蛇腹や、窓に映る前のクルマの様子は、確かに後ろの席から見たほうが楽しめる。バスは一般車と並んだり前後したりしながら走る。専用道ではないから、他のクルマとの距離を測りながらの運転にはかなりの技術がいるだろう。興味深くメモをとっていると、後方席の振り回されるような揺れで、珍しく軽い車酔いにやられてしまったのも良い思い出である。

港の歴史を展示で学びクルーズで実感

　ポートタワー前で連節バスと別れ、まずは「神戸海洋博物館」（入館料900円）で神戸の港の歴史を学んだ。古くからの天然の良港「兵庫津」として栄えた神戸港は、1868（慶應3）年に開港五港のひとつとして世界への扉を開いた。戦災や阪神・淡路大震災といった苦難を何度も乗り越え、日本を代表する国際貿易港へ成長するまでの歴史が展示されている。船そのものについても学ぶことができ、5面の画面を持つ操船シミュレーターはリアルである。神戸港を一周できるというので挑戦してみたが、舵取りの難易度の高さにびっくり。港の景色をゆっくり楽し

むのは、このあとにお預けとなった。

　博物館を出ると、嬉しいことに雨が
やんでいた。カバンに折り畳み傘をし
まい、観光遊覧船「ロイヤルプリンセ
ス」に乗り込んだ。神戸ベイクルーズ
（乗船料金1,400円）で、海から神戸
を見てみよう。最上層のデッキに上
り、観光アナウンスに耳を傾ける。風
が強い。たちまち潮の香りに包まれ、
神戸の町を一望することができた。

　神戸のシンボルである赤い「ポート
タワー」はリニューアル工事のため足
場で覆われ、その姿を見ることができ
ないのが残念だ。高層ビルがそびえた
つ町の後ろに、緑の六甲山地が迫って
いる。山を切り崩して海を埋め立て、
人工島を２つもつくったというが、変
わらず山と海に挟まれた神戸の町は、
小さく愛らしく私の目に映った。

　港内にある造船所やドック、倉庫群
を見ながら、船はいったん神戸港の外
に出る。遠くに明石海峡大橋を望み、
行き交うコンテナ船や神戸空港を発着
する飛行機を見て、港内へと戻った。
小さく見えても第一級の日本の都会で
ある。赤い神戸大橋を渡るポートライ
ナーの真下を船でくぐり抜けるスリル
を味わうと、40分のクルーズはあっと
いう間であった。

| シティー ループ | かもめりあ15：48 北野異人館16：20 |

レトロバスで異国情緒あふれる洋館へ

　観光船乗り場「かもめりあ」のバス
停から、レトロバスのシティールー
プに乗車した。ポートループとは別ルー
トを走る循環バスで、車掌席にアテン
ダントさんが立ち、車窓に合わせた生
の観光アナウンスがある。木目調の車
内は、窓枠も緑色のモケットが張られ

▲ 観光船乗り場「かもめりあ」から「ロイヤ
ルプリンセス」で、造船所やポートライナ
ーが渡る神戸大橋を見ながらクルージング

▼ 16時前のシティーループに乗車。アテン
ダントのアナウンスを聞きながら山手へ

▲ 内装や座席が木目調に仕上げられたシティ
　ループは、北野の景観に似合っている

▼ 北野のシンボル「風見鶏の館」。食堂には
　娘のエルゼさんの写真が展示されていた

た座席の枠も本物の木製である。鈍く光る金色に塗られた握り棒にもこだわりを感じた。乗客の顔ぶれを見ると外国人旅行者が多く、コロナ禍が収束しつつあることを感じる。また観光客だけでなく、買い物客も利用していた。

　100以上の古い建物が残るという旧居留地を抜け、急な北野坂を上って山手へ。起伏の激しい町に、バスは最適な交通手段だ。北野異人館で降車すると、異国情緒あふれる洋館の建ち並ぶ地区である。ここでは「風見鶏の館」と「萌黄の館」の2館共通券（650円）で、洋館を見学することにした。

「風見鶏の館」は赤レンガの外壁を持つ洋館で、三角屋根の塔のてっぺんに風見鶏が取り付けられている。1909（明治42）年ごろに、ドイツ人貿易商G・トーマス氏が建てた館で、ここにはドラマティックなエピソードがあった。日本生まれ日本育ちだったトーマス氏の娘のエルゼさんは、14歳までこの館で暮らしていたが、ちょうど家族で一時帰国していたときに第一次世界大戦が勃発、ドイツは敵国となり日本に戻れなくなった。その後、1977（昭和52）年のNHK連続テレビ小説『風見鶏』の影響で館が注目され、保存されることになった。また国の重要文化財に指定され、神戸市が買い上げた。こうしたニュースから館がまだあることを知ったエルザさんは、神戸市に連絡し、80歳になった1979（昭和54）年、神戸市の招待により「風見鶏の館」に再会することができた。「ドイツは私の祖国で、日本は私の故郷です」と手記に記したエルゼさんの思い出の詰まった景色だと思うと、知らない大きな洋館が少しだけ身近に感じられた。

　ライトグリーンの外壁が美しい「萌

黄の館」は、室内も明るいパステル色の壁で、まるでメルヘンの世界のようだ。受付の女性が笑顔で丁寧に案内してくれた。アメリカ総領事の邸として1903（明治36）年に建てられたこの館は、その後さまざまな人の手に渡り、元・神戸電鉄社長の小林秀雄氏所有となって今に至るという。長いこと「白い異人館」と呼ばれていたが、国の重要文化財に指定され、修復工事を行った際に、白壁の下からこの美しい緑色が見つかり、建築当時の色がわかったのだそうだ。庭先には阪神・淡路大震災で屋根から墜落したレンガの煙突が庭に刺さったまま保存されており、震災の激しさを今に伝えている。

シティーループ	北野異人館17：30 元町商店街17：52

夕暮れの町に灯る人の魅力と食の魅力

「お待たせしました」と、シティールーフがアナウンスしながら到着した。前乗り中降りなので、にこやかな運転士さんに一日乗車券を見せて乗り込んだ。今度のアテンダントさんは、早口で盛りだくさんの観光情報をこれでもかと教えてくれる。勉強熱心な人は自分なりに研究してアナウンスを改良しているようだ。名所からお土産品、歴史まで取り交ぜた個性あふれる観光案内を聞きながら、窓の外を眺めていると、やがて前を走るクルマのテールライトが光り始めた。これが1,000万ドルの夜景の一部になっていくのか。

アテンダントさんが、町の至るところで目にすることができる言葉「BE KOBE」について説明する。「神戸のさまざまな魅力のなかで、一番の魅力は人である」——なるほど。降りるときに「詳しくて、ためになりました」と

▲ ライトグリーンの外壁の「萌黄の館」。修理で本来の色がわかったために復元された

▼ シティーループで北野異人館から元町商店街へ。夕食を求め南京町中華街を散策する

▲ 「雅苑酒家　本店」でコース料理（5,000円）を注文。海鮮のXO醤炒めや淡路産玉ねぎの酢豚などを紹興酒とともに味わった

乗車路線・区間・時刻・車両
【2日目】
三宮BT 8：30
⇩ 特急バス／5839（三田）
三田駅 9：29
三田駅12：10
⇩ 36系統／5894（三田）
波田12：34
藍本駅13：49
⇩ ウイング神姫／29373（篠山）
篠山口駅14：07
篠山口駅14：10
⇩ ウイング神姫／6699（篠山）
二階町14：26
本篠山16：37
⇩ ウイング神姫／6699（篠山）
篠山口駅16：57

伝えると、ちょっと驚いたような表情のあと、満面の笑顔が返ってきた。まるごと地元愛、といった感じのアテンダントさんが、「BE KOBE」をそのまま体現していた。

夕暮れの町にライトアップされた長安門（ちょうあんもん）をくぐり、夕食を求めて南京町（なんきんまち）中華街を散策する。屋台が連なり、せいろの上の中華饅頭やちまきからホカホカ湯気が上がっている。路地を入った「雅苑酒家　本店」（がえんしゅか）で中華のコース料理をいただいた。スパイスの効いた味つけに紹興酒が進む。春休みという時節柄か、アルバイトを始めたばかりの若い店員さんに、先輩が教えながらお店を回しているのも微笑ましかった。

三田

特急 バス	三宮BT 8：30 三田駅 9：29

都市間を結ぶ幹線・特急バスの現状

通勤客が行き交う朝の三宮の町に、袴姿の学生をちらほら見かける。今日が卒業式という大学が近いのだろう。神姫バスのバスターミナルは、JR三ノ宮駅高架下にあった。柱と柱の間に、観光バスタイプの大型バスがぴったり収まっているのに驚く。やってきたバスは警備員の誘導で、巧みにバックで入っていく。この車庫入れの光景は、見ているだけでスリル満点である。

待合室は行列であった。乗車開始が知らされると、列をなした人々が狭い高架下の通路を一斉に歩き、自分の乗るバスをめざす。「イオン経由三田駅（さんだ）行き　特急バス」とあるハイデッカーにICカードをタッチして乗り込むと、すでに席はかなり埋まっていた。30人

以上が乗り、出発。カジュアルな服装の若い人が多いが、学生ではなさそうなところを見ると、通勤客だろうか。

走り始めて間もなくトンネルに入ると、加藤さんが「ここはずっと上り坂なんですよ」と教えてくれた。これから六甲山地をトンネルで突っ切って、裏六甲までワープするのである。加藤さんによると、起伏の激しい土地のため、鉄道では時間がかかったり、乗り換えが必要だったり、はたまた運賃が高くついたりということから、三宮から三田へはこの特急バス（片道730円）が幹線となっているのだという。

トンネルを抜けると、白い空が目の前に広がった。突然、空に近くなった気分である。山肌に早咲きの山桜がぽつぽつと白い花を咲かせている。山あいに密集して建つ新興住宅の家並みがたびたび車窓に現れる。段々畑や棚田も見えた。冬の名残の枯れ色のススキのなかに、淡い緑の新芽が点々と萌え出でている。柔らかい黄緑の竹林も、昨日の雨に喜んでいるようだった。

9時10分、住宅地のなかの大きなイオンでほとんどの人が降りた。人の列はイオンと近くのアウトレットに分かれてぞろぞろ向かう。つまり、10時オープンに合わせて通勤する店員さんたちだったのである。道理でおしゃれな服装の人が多かった。こうやって人は移動するのか、と興味深く納得する。三田駅へはほぼ定刻に到着した。

ひな人形をめぐり三田を知るまち歩き

三田駅は、駅ビルのある郊外の駅といった感じで、少し歩くとすぐに住宅地になり、畑も見えた。「ひな祭り三館めぐり」のチラシを手に、「三輪明神窯史跡園」を訪ねた。入口に飾られ

▲ 2日目の朝は三宮センター街を歩いてJR三ノ宮駅へ。高架下の三宮バスターミナルから、三田駅行き特急のハイデッカーに乗る

▼ 新神戸トンネルで裏六甲へワープ。六甲北有料道路を経て約1時間で三田駅に到着

▲ 三田ではまず「三輪明神窯史跡館」を訪問
▼ 三田駅を跨いで武庫川畔をたどり城下町へ

たひな人形に季節感を感じつつ、ふと奥に目が引かれる。古い大きな登り窯の跡が、まるで遺跡のように保存されていた。不思議に思ってスタッフの女性に「この窯はどこかに移転したのですか？」と聞くと、「今はもう、ないんです」と答えが返ってきて驚いた。美しい淡緑色の器のかけらが展示されているが、この「三田青磁」は、昭和の初めに後継者が途絶え、一度はこの世から消えた工芸品なのだという。その後、荒れ放題になっていた窯の発掘調査が行われ、県の指定史跡となった。焼きもののほうは、三田在住の陶芸家が復興させているという。

　スタッフさんに話を聞いていると、なんと彼女は今日の乗り歩きの最終地・篠山出身だという。篠山のおすすめについてもあれこれ聞いてみた。「お城の桜が有名だったんですが、石垣の保存工事でかなり伐られてしまって。当時のお年寄りは大反対したものですが、ようやく最近、昔ほどではないけれど桜が育ってきましたよ」というので、この先の旅路が楽しみになった。

　武庫川を渡り、「三田ふるさと学習館」と隣の「旧九鬼家住宅資料館」で三館めぐりの続きを楽しんだ。三田は古い城下町。戦国武将・九鬼嘉隆の流れをくむ家老・九鬼家に伝わるひな人形が有名なことから、さまざまな家庭からひな人形が集まり、この時期にはそれらをずらりと並べて公開するようになったという。九鬼家住宅にはひな人形とともに、珍しい桜の盆栽が展示されていた。この道20年という菊山登さんが、丹精込めて育てたそうだ。「この時期に合わせて全部花が咲くなんてすごいですね。調整できるんですか？」と聞くと、「よくぞ聞いてくれ

た！」と説明が始まった。「こんなふ
うに土をかき分けて根っこに酸素を与
えてやると、桜は喜んどるんですわ」
——菊山さんは、桜を自分の子どもの
ように愛おしんで育てているのだ。

　盆栽だけでなく話にもつい花が咲
き、昼食の時間を逃した私たちは、駅
前のスーパーでお弁当とビールを調達
することにした。郊外の新興住宅地の
ような最初の駅の印象と、歴史ある城
下町という一面がひとつになって、三
田は実におもしろい土地だった。

36系統	三田駅12：10
	波田12：34

お花見弁当と偶然の出会いに乾杯

　三田駅に、オレンジに肌色と白のラ
インが入った路線バスがやってきた。
「これが神姫バスカラーです」と加藤
さん。2日目にしてやっとご対面であ
る。これから乗るのは1日1本の貴重
なバス。ここからの路線バスは中乗り
前降りで、多区間運賃制である。白い
軍手をはめて丁寧にアナウンスする運
転士さんは、運転もとても丁寧だ。田
んぼの広がる風景のなか、武庫川沿い
に続く桜並木はピンク色に染まり始め
ている。黄色いレンギョウや菜の花、
水仙がまぶしく見える。コブシの花は
枝からこぼれ落ちるほどの満開だ。

▲ 九鬼家ゆかりのひな人形と桜の盆栽を観賞

▼ 1日1往復の36系統で福知山線沿いに北上

　終点・藍本（あいもと）駅の1つ前のバス停、波
田（た）で途中下車して、武庫川の川べりに
出た。舗装されていない土手の道は、
ここも桜並木になっていて、膨らんだ
薄紅色のつぼみがぽつりぽつりと開い
ている。武庫川沿いの桜名所のひとつ
「藍本桜づつみ」はこのあたりだ。

　ひと足早く満開を迎えたしだれ桜が
対岸に美しく見える場所を選んで腰を
下ろし、スーパーで買った筍ご飯弁当

▲ 波田バス停で降りて「藍本桜づつみ」へ。満開のしだれ桜を眺めながら弁当を広げる

▼ 20分ほど歩いて藍本駅へ。ウイング神姫の篠山口駅行きと篠山営業所行きを乗り継ぐ

を広げた。ビールを開けて、お花見開始である！……そんな私たちに声をかけてきたのは、長靴姿のおじさんだ。「向こうにベンチも、あるよ」。私たちの隣に腰かけ、世間話が始まった。「こんなトコに腰かけて、気の毒や、思てな！」と気遣ってくれるおじさんは、近くに畑を借りていて、野菜やハーブを育てているという。「今年は桜が早い」「ツクシもようけ、出てるよ」「シイタケも出てるよ、持ってく？」……結局、私たちがビールを1本空けるまで話し相手になってくれ、雨のあとにちょうど出てきばかりだというシイタケをお土産に持たせてくれた。

丹波篠山

ウイング神姫	藍本駅13：49
	篠山口駅14：07
ウイング神姫	篠山口駅14：10
	二階町14：26

丹波篠山の名産品とシンボル・篠山城

　ビニール袋のなかから、いい香りがする。シイタケからこんなに甘い香りがするとは知らなかった。また話し込んでしまった私たちは、足を早めて藍本駅に急いだ。というのも、細かな雨が舞い始め、山に雲が垂れ込めてきたのだ。「お花見、ぎりぎりでしたね」──乗り込んだ車窓に、まだ堤の桜が続いている。篠山口駅行きのバスは、JR福知山線の線路と並走しながら山道を上り始めた。丹波篠山市に入り、篠山口駅で市街地へのバスに乗り継ぐ。ロータリーでバスを待つと、やや肌寒い。盆地とはいえ、山間部である。
　市街地へ入ったバスは、いかにも城下町らしい鍵の手の道を走る。旧道ら

しい町並みが魅力的である。丹波といえば、お正月の黒豆だと思ったが、栗も有名なのだそう。二階町で降りると土産物店が目に入り、「丹波黒」と書かれた黒豆のしぼり甘納豆と、栗の入った羊羹をお土産に買ってみた。

町の中心に位置する篠山城は、「日本100名城」のひとつである。関ヶ原の合戦に勝利した徳川家康が、大坂の陣を控え、大坂城の包囲と西国大名の制圧拠点として築いた城だ。築城の名手・藤堂高虎の手によるもので、荒々しい自然石の積まれた石垣に心が躍る。天守閣は家康の命で築かれなかったが、2000（平成12）年に再建された大書院（入館料400円）が見学できる。

大書院は1609（慶長14）年の築城とほぼ同時期に建てられ、約260年間にわたり藩の公式行事などに使われた。明治維新後に廃城となっても残された唯一の建物として、小学校や女学校、公会堂などに利用されてきたが、1944（昭和19）年、失火により焼失したという。現在の建物は平成になってから古絵図、古写真、発掘などの学術調査をもとに復元されたそうで、木造建築にしては並外れた天井の高さ、部屋数の多さ、広さに感服する。研究をもとに精密に復元した建造物は、これからさらに数百年先まで、歴史を語り継ぐ貴重な遺産になっていくに違いない。

| ウイング 神姫 | 本篠山16：37 |
| | 篠山口駅16：57 |

城跡にも城下町にも確実に訪れる春

三田の窯史跡園の女性から聞いたとおり、お堀と石垣、そして桜のコラボレーションはみごとなものであった。今回はまだ桜の花が3分咲きなのと、曇り空なのが残念だが、満開の日に青

▲ 城下町らしい鍵の手の道を走り、篠山城跡の北に位置する市街地・二階町に運ばれる

▼ 自然石の石垣の間を抜け、2000年に復元された大書院を見学。上段之間は最も格式が高く、違棚や帳台構などが設けられている

▼ 城跡の西側の御徒士町は、武家屋敷群が残る国の重要伝統的建造物群保存地区である

▲ 城跡の東側の河原町に残る妻入商家群。こちらも重要伝統的建造物群保存地区である

▲ 本篠山バス停から篠山口駅行きに乗車。バス停前に園篠線発祥地の石碑が建っている

▼ 淡いピンクの山桜を見ながら帰途に就く。約20分で小雨の降る篠山口駅前に到着した

空が見られたら最高だろう。

　お城を辞去して城下町の商人街へ。「河原町妻入商家群」と呼ばれる国の重要伝統的建造物群保存地区である。江戸時代からの建物が半数以上残っており、最近電柱・電線が地下化され、江戸時代の町並みにさらに近づいたという。妻入商家というのは、間口が狭く奥行きが深い造りの商家で、今でもさまざまな職種・商品を扱う店が軒を連ねている姿に往時をしのぶことができる。白壁に細かな木組みの格子がはめ込まれ、落ち着いた色合いの街並みを散策すると、自然に心が落ち着く。鼻をかすめるのは沈丁花の香り。街角にもやってきている春に心温まる。

　本篠山のバス停は、加藤さんによると、昔は国鉄バスの駅だったそうだ。乗り場が一段高くなり、頑丈そうな柱と大きな屋根で覆われているのが、昔の自動車駅を思わせる風情である。掲出された広告は昭和の終わりか平成初期で時代が止まっているようで、色あせたペンキの色に時の流れを感じた。

　この旅最後のバスは、ほぼ時刻どおりやってきた。町並み保存地区を離れても、窓から見るとかなり古い家並みが残っている。こちらは電柱があり、昭和を感じさせるレトロな看板や、ごちゃっとした味のある商店街が続く。これはこれで、生活感があってよい。

　フロントガラスにあたり始めた小雨に、オレンジに肌色と白の神姫バスはワイパーを動かしながら走った。もと来た道を、篠山口駅まで。手元のシイタケが相変わらずかぐわしい。山には雲が低く降りてきて、白く煙って見える。桜並木が淡いピンク色に煙っているのは、紛れもなく春の訪れである。

〔2023年3月23〜24日取材〕

BUSJAPAN HANDBOOK SERIES

No	タイトル（その他の収録事業者）	発行年
S94	箱根登山バス・東海バス（グループ6社）	2016年発行
S95	広電バス（グループ1社）	2017年発行
S96	関鉄バス（グループ3社）	2017年発行
S97	名鉄バス（グループ2社）	2017年発行
S98	小田急バス・立川バス（グループ2社）	2018年発行
S99	小湊バス・九十九里バス	2018年発行
S100	北海道中央バス（グループ3社）	2018年発行
V101	京阪バス（グループ2社）	2019年発行
V102	京成バス（グループ6社）	2019年発行
V103	新潟交通（グループ2社）	2020年発行
V104	阪急バス（グループ2社）	2020年発行
V105	岩手県交通	2021年発行
V106	西日本JRバス　中国JRバス（グループ2社）	2021年発行
V107	北陸鉄道（グループ5社）	2021年発行
V108	那覇バス　琉球バス交通	2022年発行
V109	東急バス（グループ1社）	2022年発行
V110	神奈川中央交通（グループ3社）	2022年発行
V111	宮城交通（グループ1社）	2023年発行
V112	神姫バス（グループ3社）	2023年発行
V113	西武バス（グループ2社）	次回刊行予定

定価1,100円（本体1,000円＋消費税）
送料　180円（1〜3冊）　360円（4〜6冊）

【ご購読方法】
ご希望の書籍のナンバー・タイトルを明記のうえ、郵便振替で代金および送料を下記口座へお振込みください。折り返し発送させていただきます。
　郵便振替口座番号：00110-6-129280　加入者名：BJエディターズ
※お申し込みの際には、必ず在庫をご確認ください。
※在庫および近刊、取扱書店等の情報は、ホームページでもご覧いただけます。

BJハンドブックシリーズ V112

神姫バス

ISBN978-4-434-32107-8

2023年6月1日発行
編集・発行人　加藤佳一

発行所　BJエディターズ　☎048-977-0577
　〒343-0003　埼玉県越谷市船渡360-4
　URL　http://www.bus-japan.com
発売所　株式会社星雲社　☎03-3868-3275
　　　　（共同出版社・流通責任出版社）
　〒112-0005　東京都文京区水道1-3-30
印刷所　有限会社オール印刷工業

終点の構図

西河内
NISHI-GŌCHI

　宍粟市役所のある山崎をあとにしたバスは、中国自動車道に沿って西へ向かい、下三河あたりから千種川の流れをさかのぼる。およそ50分走ると、バス通りの両側に小さな店や住宅がどこまでも続く昭和レトロな商店街が現れる。2005（平成17）年に宍粟市に合併された旧千種町の中心市街地である。

　千種は古代から「千種鉄」の産地として栄え、江戸時代には天領となって数多くの名刀を生み出した。明治時代に西洋から溶鉱炉が伝来するまで、鞴で炉に空気を送り込む「たたら製鉄」が行われていた。アニメ映画『もののけ姫』で逞しい女衆が勤しんでいるあの重労働が、里人の仕事だったのだ。

　バスはさらに千種川の谷筋に分け入り、20分ほどで終点の西河内に着く。バス停から山道をおよそ１km上ったところに「たたらの里学習館」があり、たたらの歴史や工程を解説する映像が見られるほか、「千種鉄」でつくられた刀や農機具なども展示されている。

　温暖なイメージが強い山陽路だが、鳥取県境に近いこのあたりは積雪も見られ、学習館は冬季には休館となる。古代から、自然も鉄もあらゆる生きものも、シシガミが支配してきたと言われても納得できる山深い土地である。

〔2023年３月17日取材〕